TOBIAS KLEY

DER MÖGLICHMACHER

VON DEM, DER ALLES KANN

SCM
Hänssler

SCM

Stiftung Christliche Medien

Der SCM Verlag ist eine Gesellschaft der Stiftung Christliche Medien,
einer gemeinnützigen Stiftung, die sich für die
Förderung und Verbreitung christlicher Bücher,
Zeitschriften, Filme und Musik einsetzt.

© 2017 SCM-Verlag GmbH & Co. KG,
Max-Eyth-Str. 41, 71088 Holzgerlingen
Internet: www.scm-haenssler.de; E-Mail: info@scm-haenssler.de

Umschlaggestaltung und -illustration: Sophia Wald, Reutlingen
Satz: Christoph Möller, Hattingen
Druck und Verarbeitung: GGP Media GmbH, Pößneck
Gedruckt in Deutschland
ISBN 978-3-7751-5808-4
Bestell-Nr. 395.808

INHALT

EINLEITUNG

Der Möglichmacher – ein klangvoller Name. Ein Name, der viel verspricht, der Hoffnung und Neugier weckt. Vielleicht auch ein Name, der skeptisch macht, der hinterfragen lässt. Ein Name, mit dem man irgendwie viel anfangen will und doch oft nichts anfangen kann.

Was ist ein Möglichmacher?

Nun, ich würde behaupten, Sie und ich sind Möglichmacher. Der eine mehr und der andere weniger, aber letztendlich sind wir gern Möglichmacher, denn etwas zu ermöglichen gibt uns etwas zurück. Teil meines Berufs ist es, viel unterwegs zu sein. Bei unterschiedlichsten Veranstaltungen wie Schulstunden, Jugendevents, Konferenzen, Gottesdiensten und Seminaren treffe ich Tausende von Menschen und stelle immer wieder fest: So gut wie jeder findet es attraktiv, selbst Möglichmacher zu sein!

Bei den GetAwayDays[1] arbeiten wir mit Jugendlichen, die sich in herausfordernden Lebensumständen befinden. Vielen dieser Jugendlichen ist es zum Beispiel aus finanziellen Gründen nicht möglich, an einem unserer Programme teilzunehmen. Deswegen hatte ein Mitarbeiter die zündende Idee: „Wir brauchen *Möglichmacher!*" In unserem Fall ist ein Möglichmacher eine Person, die bereit ist, in das Leben von solchen Jugendlichen zu investieren, um ihnen eines der unvergesslichen GetAwayDays-Camps zu ermöglichen. Dabei merken wir: Egal, ob jung oder alt, Handwerker oder Akademiker, Mann oder Frau – Möglichmacher wollen viele sein.

Wir als Familie haben für jedes unserer Kinder ein „Patenkind" in Pakistan, dem wir durch unseren wirklich kleinen Beitrag ermöglichen, Nahrung, Kleidung und Schulbildung zu erhalten. Unsere eigenen Kinder sind begeistert davon, reden oft darüber und haben Fotos der Patenkinder in ihren Kinderzimmern. Möglichmacher zu sein ist eine geniale Sache, weil es uns das Gefühl gibt, etwas zu bewegen, das für andere unmöglich ist.

Vor ein paar Jahren schenkte uns ein Bekannter einen Traumurlaub in seinem Ferienhaus am Lago Maggiore, den wir uns selbst nie hätten leisten können. Uns fiel es damals schwer, das in Anspruch zu nehmen, denn wir waren überwältigt und total überrascht von seiner Großzügigkeit. Als uns aber bewusst wurde, wie viel Freude es ihm bereitete, uns als Familie diese Zeit zu ermöglichen, nahmen wir das Geschenk dankbar an.

Man wird selbst am reichsten beschenkt, wenn man anderen Menschen Dinge ermöglicht, die für sie unmöglich sind. Die ärmsten Menschen auf dieser Welt sind bekanntlich nicht die, die nichts haben, sondern die, die viel haben, aber nichts weitergeben.

Allerdings sind die wenigsten Menschen immer nur Möglichmacher für andere. Jeder braucht immer wieder Möglichmacher im eigenen Leben. Ein bisschen Hilfe von einem Bekannten, um den nächsten Sprung nach oben auf der Karriereleiter zu schaffen. Ein ermutigendes Wort, wenn man am liebsten einfach aufgeben würde in einer herausfordernden Lebenssituation. Die meisten unter uns brauchen eine Bank als Möglichmacher beim Kauf eines Hauses und jeder, der kleine Kinder hat, weiß, wie wohltuend es ist, jemanden zu haben, der einem ab und zu mal eine kleine Auszeit ermöglicht.

Da wir bei den GetAwayDays großen Wert auf Nachhaltigkeit legen, wollen wir den Teilnehmern nicht nur eine unvergessliche Woche bieten, sondern ihnen auch in Bezug auf das tägliche Leben helfen. Das bedeutet unter anderem ganz praktisch: Praktikumsstellen und Ausbildungsplätze für sie zu finden. Dabei brauchen wir Möglichmacher: Menschen, die gewisse Stellungen in Firmen haben und bereit sind, diesen Jugendlichen eine Chance auf dem Arbeitsmarkt zu geben.

Es ist eine wunderschöne Sache, dieses gegenseitige Geben und Nehmen. Wo Möglichmachen und Ermöglicht-Bekommen im Alltagsleben in einer gesunden Balance praktiziert werden, blüht das Leben. Jeder, der das persönlich erlebt hat, kann das bestätigen.

Je mehr ich mich mit dem Wort *Möglichmacher* auseinandergesetzt habe, desto bewusster ist mir geworden, dass alles menschliche Ermöglichen und Ermöglicht-Bekommen irgendwo und irgendwann seine Grenzen hat. Sehr häufig finden wir uns in Situationen wieder, in denen wir mit Erschrecken feststellen: „Diese Situation übersteigt die Ressourcen, die Fähigkeiten, die Bereitschaft und die Möglichkeiten meiner Mitmenschen, mir das zu geben, was ich gerade brauche!"

Ich kenne das überwältigende Gefühl der Machtlosigkeit, wenn ich anderen gern etwas ermöglichen würde, was außerhalb meiner Möglichkeiten ist. Das kreiert Emotionen in mir, die von einem leichten Anflug von Frustration bis hin zu richtiger Verzweiflung oder sogar Wut reichen.

Was nun? Müssen wir das einfach aushalten? Uns damit abfinden?

Nein! Es gibt einen Möglichmacher, der diesen Namen immer verdient. Er ist nicht einer von vielen, nicht einer wie Sie und ich, nicht ein natürlicher und menschlich begrenzter Möglichmacher, sondern *der* Möglichmacher. Der übernatürliche Möglichmacher.

Er ist der Möglichmacher, der jedem Menschen zur Verfügung steht.
Er ist der Möglichmacher, der immer da ist.
Er ist der Möglichmacher, der niemals an Grenzen stößt, weil er
grenzenlos ist.

Viele Menschen überall auf der Welt kennen diesen Möglichmacher persönlich – ich selbst genieße dieses unbeschreibliche Vorrecht. Und je besser ich ihn kennenlerne, desto mehr wird mir bewusst, dass ich mich schon immer nach ihm gesehnt habe.

Er ist der übernatürliche Möglichmacher, der sich in einem Buch uns Menschen vorstellt, das auf der einen Seite das bekannteste und meistverkaufte Buch auf der ganzen Welt ist, das auf der anderen Seite aber auch das Buch ist, das am meisten angefeindet und angezweifelt wird. Manche Menschen lesen dieses Buch regelmäßig. Bei vielen Menschen steht es irgendwo verstaubt in einem Bücherregal, weil sie es irgendwann mal geschenkt bekommen haben. Immer mehr Menschen in Deutschland besitzen dieses Buch jedoch nicht mehr, obwohl es früher in jeden Haushalt gehörte.

Wenn ich über diesen Möglichmacher nachdenke, merke ich sehr schnell, dass er zu groß und zu wunderbar ist, als dass ich ihn mit meinem kleinen Verstand ergreifen könnte. Wenn ich das Buch lese, in dem er sich mir vorstellen will, merke ich, dass er ganz anders ist, als er mir von anderen oft vorgestellt wurde, und dass er ganz anders ist, als ich ihn mir oft vorgestellt habe. Es gibt immer noch neue Seiten an ihm zu entdecken. In diesem Buch stelle ich Ihnen einige Eigenschaften des Möglichmachers vor – er hat noch viel mehr, aber diese siebzehn sind mir besonders wichtig geworden.

Ich möchte Sie einladen, sich auf ein Abenteuer einzulassen: den Möglichmacher persönlich zu entdecken und kennenzulernen. Ich will sie herausfordern, alte Klischees und

Vorstellungen einfach mal über Bord zu werfen (oder es zumindest zu versuchen), um ganz neu oder vielleicht zum ersten Mal persönlich von ihm überrascht und berührt zu werden. Vom Möglichmacher. Von Gott.

Denn er sagt von sich selbst: „Menschlich gesehen ist es unmöglich. Aber bei *mir* ist alles möglich" (nach der Bibel*, Matthäus 19,26**).

---

* „nach der Bibel" bedeutet, dass ich im Vers Wörter sinngetreu ersetzt habe. Es gibt im Deutschen sehr viele unterschiedliche Bibelübersetzungen. In diesem Buch habe ich meistens die Übersetzung „Neues Leben" gewählt, weil diese in heutigem Deutsch geschrieben ist und gleichzeitig die griechischen und hebräischen Grundtexte sinngetreu wiedergibt. Vereinzelt kommt es mir jedoch auf jedes Wort an. Dann habe ich die Elberfelder Übersetzung gewählt, die ganz eng am Grundtext ist, dafür manchmal aber etwas komplizierter und altmodischer formuliert.

** Matthäus 19,26 bedeutet: Der Vers steht im Neuen Testament im Evangelium von Matthäus, Kapitel 19, Vers 26.

1. DER MUTZUSPRECHER

„Nichts gesagt ist genug gelobt" – dieses schwäbische und südhessische Sprichwort sagt sehr viel über den Charakter unserer Nation aus. Ich habe diese Worte im süddeutschen Raum schon sehr oft gehört, häufig nur scherzhaft, aber hinter Spaß und Ironie verbergen sich ja oft tiefe Überzeugungen und Herzenshaltungen. Wenn nur „nichts gesagt" wird, ist das zu wenig, denn Ermutigung, Lob und Zuspruch bewirken etwas in uns. Sie füllen uns mit Energie, Enthusiasmus und der Verwegenheit, nach den Sternen zu greifen.

Das Gegenteil davon ist Entmutigung. Entmutigung geschieht nicht nur durch verbale Kommunikation und Körpersprache, sondern schon allein durch die Abwesenheit von Ermutigung. Entmutigung lähmt uns, raubt uns jegliche Lebensfreude, saugt uns die Kraft aus den Knochen und lässt vor allem jegliche Motivation schwinden. Entmutigung geschieht oftmals völlig unbewusst, und das ist das Gefährliche daran.

Neulich habe ich an einem strahlenden Nachmittag noch ein paar letzte Dinge draußen erledigt. Da es schon dämmerte und ich so schnell wie möglich fertig werden wollte, flitzte ich durch unseren Garten, hochkonzentriert, um so effektiv wie möglich zu sein. Unsere Kinder spielten draußen und mein fünfjähriger Sohn hatte gerade mit einem Hammer und ein paar Nägeln etliche Holzstücke zu einer „Brücke" zusammengenagelt, die eine Holzterrasse mit dem Sandkasten verband. Voller Freude und Stolz sah er mich an und sagte: „Schau mal, Papi, meine Brücke!" Völlig in Gedanken, nickte ich nur kurz, sagte „Mhm" und erledigte meine letzten Handgriffe. Als ich dann ins Haus kam, saß mein Sohn wie ein Häufchen Elend auf dem Schoß meiner Frau und war frustriert, völlig entmutigt und traurig. Auf meine Frage, was denn los sei, brach er in Tränen aus und antwortete: „Du hast mich überhaupt nicht gelobt für die Brücke, die ich gebaut habe!"

Ich hatte meinen Sohn nicht bewusst entmutigt. Ich hatte einfach nichts gesagt und ihm durch meine Körpersprache vermittelt, dass ich keine Zeit hatte. Seine Brücke war für mich nicht wichtig genug, um meine Arbeit zu unterbrechen – das war das Problem! Das führte in diesem Moment dazu, dass er verletzt und traurig war, weil er von mir nicht bestätigt und ermutigt worden war. Aber es hatte auch weitreichendere Folgen. Er wollte auf einmal nichts mehr mit Hammer und Nägeln zu tun haben. Immer und immer wieder ermutigte ich ihn dann dazu, doch mal wieder eine „Brücke" zu bauen. Ich baute sogar eine mit ihm zusammen. Trotzdem dauerte es Wochen, bis er sich erneut darauf einließ und wieder voller Freude und Motivation mit Hammer und Nägeln arbeitete.

Dieses Erlebnis hat mir wirklich zu denken gegeben. Zum einen hat es mir gezeigt, wie schnell man ein „kleines Pflänzchen" abknicken kann – völlig unbewusst und ohne jegliche Absicht. Zum anderen hat es mir verdeutlicht, wie viel Pflege, Zuwendung und Ermutigung es dann braucht, bis wieder eigene Motivation, Freude und Enthusiasmus da sind.

Während ich einfach in diesem „Nichts gesagt ist genug gelobt"-Kontext aufgewachsen bin und mir meistens überhaupt nicht bewusst ist, wie wenig ich lobe, kommt meine Frau aus den Südstaaten der USA – das krasse Gegenteil. Dort wird ständig ermutigt mit Worten wie „Good job" oder „awesome", selbst dann, wenn es wirklich hundsmiserabel war und es aus deutscher Sicht definitiv nichts zu ermutigen gibt.

Bei der langjährigen Arbeit mit internationalen Studenten fiel mir beim gemeinsamen Sport Folgendes auf: Wenn ich in so einer internationalen Gruppe fragte: „Wer von euch kann gut Fußball spielen?", dann meldeten sich sofort viele US-Amerikaner voller Selbstbewusstsein. Die Deutschen dagegen waren sehr zurückhaltend. Vielleicht waren Einzelne dabei, die sich zaghaft meldeten und ganz bescheiden meinten: „Ein bisschen." Beim Fußballspielen war ich dann oftmals völlig überwältigt davon, wie gut die Deutschen spielten und wie mittelmäßig die Amerikaner.

Damals habe ich mich oft gefragt, woher dieser extreme Unterschied in der Selbstwahrnehmung kommt – die einen, die sich völlig überschätzen und vor Selbstbewusstsein strotzen, und die anderen, die jeden Grund hätten, selbstbewusst aufzutreten, sich aber völlig unterschätzen. Heute kenne ich die Ursache. Unser Selbstbewusstsein und unsere Selbsteinschätzung sind stark davon abhängig, wie viel Ermutigung und Entmutigung wir im Leben erfahren. Ein Entmutigter existiert vor sich hin, ein Ermutigter lebt, blüht und motiviert andere mit seinem Enthusiasmus. Ein Entmutigter neigt dazu, aufzugeben, und ist motivationslos und kraftlos, während ein Ermutigter mutig vorangeht.

WEIL DER MUTZUSPRECHER SELBST DAS LEBEN IST UND REPRÄSENTIERT, IST SEIN WUNSCH FÜR UNS MENSCHEN DASSELBE!

Ermutigung ist lebensnotwendig. Der Möglichmacher ist der größte Mutzusprecher und Ermutiger, den ich kenne. Er sagt: „… denn ich werde leben, und ihr werdet auch leben!" (Die Bibel, Johannes 14,19). Was für eine Ermutigung! Er will für Sie und für mich, dass wir leben. Weil er selbst das Leben ist und repräsentiert, ist sein Wunsch für uns Menschen dasselbe!

Sein Wunsch für unser Leben ist nicht ein unterdrücktes religiöses Leben. Sein Wunsch für uns ist nicht ein bloßes Existieren, kein manipuliertes Dahin-Vegetieren, kein Leben-Fristen oder einfaches Vor-sich-hin-Leben. Sein Wunsch für jedes Menschenleben auf dieser Erde ist leben, sich entfalten, aufblühen, andere erfreuen! Mich begeistert dieser kontinuierliche Zuspruch unglaublich.

Wie oft habe ich selbst Angst davor, Schritte zu wagen. Wie oft plagt mich die Unsicherheit, wenn es darum geht, Entscheidungen zu treffen im Leben. Der Möglichmacher ermutigt in der Bibel über einhundertmal mit den Worten: „Fürchte dich nicht", oder „Hab keine Angst".[2] Andere Ermutigungen wie „Seid stark und mutig" (Psalm 31,25) oder „Sei stark und mutig" (Josua 1,6.7.9) sind immer wieder im Buch des Möglichmachers zu finden. Haben Sie jemanden in Ihrem Leben, der Sie so beständig und oft ermutigt?

Doch der Möglichmacher spricht nicht nur jedem Menschen Mut zu, sondern er ermutigt auch uns Menschen, einander Mut zuzusprechen: „Ermutigt einander jeden Tag, solange es ‚Heute' heißt" (Die Bibel, Hebräer 3,13). Wie alle Verse in der Bibel steht natürlich auch dieser Satz in einem Kontext, und es ist immer hilfreich, diesen Kontext, also die Verse davor und danach, selbst zu lesen und darüber nachzudenken. Aber eins wird aus diesem Vers deutlich: Der Mutzusprecher will, dass wir uns gegenseitig jeden Tag Mut zusprechen. Eben jeden Tag, solange es „heute" heißt – und wie oft benutzen wir dieses Wort jeden einzelnen Tag: „Heute muss ich noch das erledigen", „Heute ist ein schöner Tag", „Ich will aber heute dies und jenes tun", „Was du heute kannst besorgen, das verschiebe nicht auf Morgen" – und vieles mehr.

Stellen Sie sich vor, was passieren könnte, wenn wir das tatsächlich ernst nehmen würden, in unserem Zuhause, an unserem Arbeitsplatz, im Sportverein, einfach überall – Menschen sprechen sich gegenseitig auf ehrliche Weise Mut zu, anstatt nichts zu sagen oder sogar mit Worten zu entmutigen. Wow!

Die Auswirkungen von Ermutigung erleben wir beinahe täglich in der Arbeit mit Menschen innerhalb der GetAway-Days. Vor einigen Jahren hatten wir einen jungen Kerl, der neben seinen Vorstrafen auch massive Drogenprobleme hatte. Eine unserer Aktionen führte uns in eine Höhle. Vor einem Engpass, durch den man nur durchkriechen konnte, rastete er auf einmal völlig aus, fing an, mit Steinen um sich zu werfen und wollte auf keinen Fall weiter. Gemeinsam konnten wir ihn wieder beruhigen und ich fragte ihn, was los sei. Darauf erzählte er von seiner Vergangenheit, in der er oftmals in einem dunklen, engen Keller eingesperrt worden war. Die Atmosphäre in der Höhle und der Engpass vor ihm hatten ihn daran erinnert.

Als er wieder ruhiger wurde, ermutigen wir ihn, gemeinsam mit uns zu probieren, diesen Engpass zu meistern. Zuerst wollte er das unter keinen Umständen. Immer wieder sagte ich ihm, dass er auch zurück könne an den Eingang der Höhle, aber dass ich mir sicher sei, dass er diesen Engpass schaffen könne. Nach einigem Überlegen und Zuspruch von anderen aus der Gruppe war er schließlich so weit, er wollte es wagen. Er meisterte die vor ihm liegenden Meter phänomenal, und als er aus diesem Engpass herauskam, hatte er das breiteste Grinsen im Gesicht, das ich je gesehen habe. Voller Stolz und Enthusiasmus sagte er: „Wenn ich das geschafft habe, dann schaffe ich den Rest meines Lebens auch ohne Drogen!" Dieses eine Erlebnis hat seinem Leben einen anderen Verlauf gegeben. Was diesen Veränderungsprozess einleitete, war die Ermutigung, etwas zu wagen, als er selbst davon überzeugt war, dass er dies nie schaffen könnte.

Aber es sind nicht nur „gestrandete Jugendliche", die mutigen Zuspruch benötigen. Bei einem unserer Camps ging es darum, über eine Seilbrücke zu balancieren, die zwischen zwei gegenüberliegenden Felswänden gespannt war. Es waren etwa zwanzig Meter Seilbrücke in einer Höhe von ungefähr zehn Metern über dem Boden. Eine junge, sportliche und dynamische Sozialarbeiterin war über einen Klettersteig nach oben geklettert, das war für sie kein Problem gewesen. Aber als sie vor dieser Brücke saß, sagte sie: „Das kann ich nicht!" Diesen Satz wiederholte sie immer und immer wieder. Bei jeder Wiederholung war förmlich spürbar, wie ihre Angst und die absolute Überzeugung, dass sie das nicht schaffen könne, wuchs.

Nach ein paar Minuten fragte ich sie: „Woher weißt du denn, dass du das nicht kannst? Hast du so etwas schon mal probiert?" Als sie verneinte, fragte ich sie, warum sie denn dann so sicher sei, dass sie das nicht könne. Sie überlegte eine ganze Weile, doch dann fing sie an, aus ihrer Kindheit zu erzählen. Ihre Eltern hatten bei jedem ihrer Versuche, etwas auszuprobieren oder etwas zu wagen, gesagt: „Das kannst du noch nicht. Dafür bist du noch zu klein. Lass es lieber, das ist zu gefährlich." Die Eltern hatten sie als Kind immer wieder entmutigt und das hatte selbst jetzt, als Erwachsene, noch Auswirkungen auf ihr Verhalten.

Nachdem wir eine ganze Weile über dieses Thema geredet hatten, versicherte ich der jungen Frau, dass ich überzeugt davon sei, dass sie das könne. Es benötigte ein paar weitere Minuten, bis sie sich darauf einlassen konnte, den ersten Fuß auf die Seilbrücke setzte, die ersten kleinen Schritte wagte und schließlich völlig erleichtert und begeistert auf der anderen Seite ankam. Bei unserer Abschlussrunde vor der Abreise schaute sie allen strahlend in die Augen und sagte: „Die Seilbrücke war für mich ein Schlüsselerlebnis, das mich in Zukunft bei allen Entscheidungen begleiten wird!"

Jeder Mensch braucht Ermutigung im Leben. Ermutigung schenkt uns den Mut, Schritte zu wagen. Dabei geht es nicht darum, wie groß der erste Schritt ist, sondern darum, in welche Richtung er führt. Wenn ein bisschen Ermutigung für den ersten Schritt in die richtige Richtung genügt, dann hat sie ihr Ziel erreicht.

Die „Kraft" oder „Wirkung" von Ermutigung hängt allerdings stark davon ab, wer sie ausspricht und von wem sie kommt. So extrem wichtig zwischenmenschliche Ermutigung auch ist, irgendwo und irgendwann kommt sie an ihre Grenzen. Wir erleben das oft in unserer Arbeit. Immer wieder lassen sich Menschen trotz Ermutigung nicht auf bestimmte Aktionen ein. Das mag vielerlei Gründe und Ursachen haben, aber ich glaube, der Hauptgrund ist: Ich als menschlicher Ermutiger komme genauso an meine Grenzen wie jeder andere, und mein Gegenüber weiß das. Ich liege immer wieder falsch darin, wie ich Menschen und Situationen einschätze. Oft sehe und verstehe ich die Zusammenhänge nicht, und deswegen ist meine Ermutigung zwar wirklich gut gemeint, aber eben nicht gut gemacht.

Der „Mutzuspruch des Möglichmachers" ist viel mehr als eine Ermutigung von Mensch zu Mensch, weil ihm alles möglich ist. Sein Mutzuspruch basiert auf göttlicher Kompetenz: Er weiß alles, er sieht alles, er steht über allem und er kennt vor allem Sie und mich und die Situationen, in denen wir uns befinden. Deswegen habe ich mich entschlossen, auf seinen Zuspruch zu hören und mutig voranzugehen, auch wenn meine Emotionen oder die Umstände mich entmutigen wollen oder es schon getan haben.

Im Sommer 2015 hatte ich ein persönliches Schlüsselerlebnis, das mich dazu bewogen hat. Wieder einmal waren wir mit einer Gruppe auf der Almhütte in den Alpen, in der wir viele unserer Camps durchführen. Das Wetter war mäßig und die

Gruppe sehr herausfordernd, da wir zwei Jungs in der Gruppe hatten, die keine Lust auf gar nichts hatten und grundsätzlich gegen alles waren. Da die zwei die „Coolsten" in der Gruppe waren, hatten sie großen Einfluss auf den Rest, und auch die Sozialarbeiter wussten nicht so recht, wie sie mit der Situation umgehen sollten.

Als ich an einem Morgen aufstand, war ich müde, entmutigt, hinterfragte den Sinn meiner Tätigkeit und war – was ich sonst wirklich selten bin – total unmotiviert in Bezug auf den vor mir liegenden Tag mit seinen Aktionen. Ich entschloss mich, vor dem Frühstück einen kurzen Spaziergang zu machen, und sprach dabei einfach mit dem Möglichmacher darüber, wie es in mir aussah. Irgendwann setzte ich mich auf einen Felsblock und wusste nicht mehr, was ich noch sagen sollte. Als ich mich nach vorne beugte, um ein kleines Steinchen vom Boden aufzuheben, bemerkte ich etwas in meiner Tasche. Es war eine kleine Bibel, die „zufällig" gerade in dieser Jackentasche war. Ich öffnete sie und fing an zu lesen. Ich landete bei Psalm 27. Das meiste überflog ich nur, doch der letzte Vers ließ mich stutzen, immer wieder las ich diese paar Worte: „Vertraue auf den Herrn! Sei mutig und tapfer und hoffe geduldig auf den Herrn!" (Psalm 27,14). Was für ein Zuspruch: „Vertraue auf den Möglichmacher! Sei mutig und tapfer!"

Alle vorher erlebten und durchlebten Zweifel und Emotionen waren wie weggefegt. Mit neuer Energie und voller Motivation und Lebensfreude lief ich zurück zur Hütte. Da es noch sehr früh war und die Jugendlichen gerade erst aus den Schlafsäcken gekrochen waren, verstanden sie meinen Enthusiasmus nicht. Trotzdem ließen sich alle, sogar die beiden Quertreiber, dadurch anstecken und wir erlebten einen Tag zusammen, an dem zwar auch nicht alles einfach war und glattlief, der aber trotzdem total schön und vor allem für mich unvergesslich war.

Dieser Zuspruch ist seit diesem Tag mein ständiger Begleiter. Ich gehe mutig und tapfer voran im Vertrauen auf den Möglichmacher und seinen Mut-Zuspruch an mich. Ich selbst, aber auch andere Menschen um mich herum, merken, wie das meinen Alltag prägt, in Bezug auf den Umgang mit den Höhen und Tiefen des Lebens, in Bezug auf alle Entscheidungen und auch in Bezug darauf, Neues zu wagen und Dinge auszuprobieren.

Der Möglichmacher ist der übernatürliche und beständige Mutzusprecher. Sie können die Auswirkungen dieses Mutzuspruchs in dem Maße in Ihrem Alltag erleben, in dem Sie bereit sind, sich auf ihn und seinen Zuspruch einzulassen. Sein Mut machender Zuspruch steht für jeden Menschen an jedem Ort und in jeder Lebenssituation bereit. Der Möglichmacher bietet Ihnen an, Ihr Mutzusprecher zu sein.

2. DER FÜRSORGER

11. Februar 2014 – was verbinden Sie persönlich mit diesem Datum?

Wahrscheinlich nichts oder nicht viel. Vielleicht aber auch etwas Schönes und Wertvolles wie die Geburt eines Kindes oder eine Hochzeit. Oder aber etwas Schmerzhaftes wie eine Kündigung oder den Verlust eines wertvollen Menschen.

Für uns als Familie verbirgt sich hinter diesem Datum sehr viel: Es war der Tag, an dem mir gesagt wurde, dass mein Arbeitsplatz nicht mehr mein Arbeitsplatz sein würde. Damit verbunden war automatisch, dass ich mein Büro innerhalb von ein paar Monaten verlassen musste und wir als Familie die Dienstwohnung räumen mussten. Es fühlte sich an, als wäre der Teppich, auf dem wir standen, wortwörtlich direkt unter unseren Füßen weggezogen worden. Es bedeutete außerdem, dass es keinen Sinn mehr ergab, in Österreich zu bleiben, dem Land, das wir lieben und schätzen gelernt hatten, mehr als unsere Herkunftsländer Deutschland und die USA. Zusätzlich fanden wir an diesem Tag heraus, dass meine Frau mit dem fünften Kind schwanger war – eigentlich eine positive Nachricht, aber in dieser Situation auch ein Grund zur Sorge. Deswegen ist dieser Tag ein Datum, das wir nie wieder vergessen werden. Ich war arbeitslos, heimatlos, richtungslos und wir erwarteten ein weiteres Kind!

Ich genieße das große Vorrecht, dass ich mir selten ernsthaft Sorgen mache. In meinem ganzen Leben hatte ich bis zu diesem Tag noch keine komplett schlaflose Nacht aufgrund von schwerwiegenden Sorgen verbracht. Nicht dass ich bis dahin immer ein leichtes Leben gehabt hätte, aber mit dem Zubettgehen war für mich der Tag und alles, was damit zu tun hatte, normalerweise beendet. Doch auf einmal war das anders. Ich lag hellwach im Bett. Dieselben Gedanken kreisten immer wieder in meinem Kopf herum und trieben mich beinahe in den Wahnsinn – nur noch ein paar Monate und ich bin arbeitslos, wir sind mit vier kleinen Kindern wohnungslos und zu all dem kam diese eigentlich so geniale und schöne Neuigkeit: Wir erwarten ein fünftes Kind. Da waren sie auf einmal, die Sorgen. Die panische Angst um unsere Existenz und die nagende Frage: „Und was nun?!" Etliche schlaflose Nächte folgten. Obwohl ich todmüde und völlig am Ende war, raubten mir die Sorgen den Schlaf.

Vielleicht kennen Sie auch Existenzängste. Ob ich auf Konferenzen spreche, Jugendevents besuche oder an Schulen komme, immer wieder klingt im Gespräch mit den unterschiedlichsten Menschen durch, wie real und alltäglich Sorgen sind. Sorgen um den Arbeitsplatz, Sorgen in Bezug auf die Zukunft oder Sorgen vor Prüfungen. Sorgen um die Pflege der Eltern, die Beziehung zum Partner oder den Lebensweg der Kinder. Obwohl wir in einem Land mit großem Überfluss leben, treffe ich doch immer wieder Menschen, die sich um ihre Existenz sorgen, darum, wie die nächste Miete oder Rate für das Haus bezahlt werden soll. Vor allem auch ältere Leute haben Angst vor der Zukunft, ob ihre Rente ausreichen wird und ob sie in ihren vier Wänden sicher vor Einbrechern sind. Mir ist bewusst, dass es beinahe unendlich viel Potenzial gibt, sich Sorgen zu machen.

Da lag ich nun hellwach mit all meinen Sorgen. Ich versuchte abzuschalten, mich abzulenken, auf andere Gedanken zu kommen, mir einzureden, dass das alles schon wieder irgendwie werden würde – ohne Erfolg. Ich schlief trotzdem nicht und die Sorgen vereinnahmten mich völlig, erdrückten mich, lähmten mich und raubten mir jegliche Möglichkeit, einen klaren Gedanken zu fassen.

Als ich so Nacht für Nacht dalag und nicht mehr aus noch ein wusste vor lauter Sorgen, kam mir ein Vergleich aus dem Buch des Möglichmachers in den Sinn. Dort wird von einem Sämann erzählt, der auf einem Acker etwas einsät. In diesem Beispiel werden sehr bildhaft und einprägsam verschiedene Dinge beschrieben, die mit den frisch eingesäten Samen passieren. Einen dieser Vergleiche hatte ich immer wieder in meinen Gedanken: „Andere Samenkörner fielen in die Dornen, die schnell wuchsen und die zarten Pflänzchen erstickten" (Die Bibel, Matthäus 13,7).

Dornen sind nervig. Wenn man mit ihnen zu tun hat, dann sind sie unangenehm und meistens auch unerwünscht. Ein paar Sätze später wird in der Bibel erklärt, was mit den Dornen gemeint ist, die alles ersticken: Es sind die alltäglichen Sorgen.

Mittlerweile wohnen wir in Neuenstein im Hohenlohekreis. Dort gibt es einen riesigen Garten, den wir mit bewirtschaften, und wie könnte es anders sein – in diesem Garten sind sehr viele Dornen. Überall wachsen wilde Brombeeren. Sie wuchern an allen Ecken und Enden des wunderschönen Gartens, einfach so, wie sie wollen. Vor ein paar Monaten bewaffnete ich mich einmal mit dicken Handschuhen, Heckenschere und Freischneider und „rodete" so eine ganze Ecke des Gartens, die völlig von Dornen überwuchert war. Unter diesen Dornen wuchsen keine schönen Blumen, leckeres Gemüse, frischen Früchte und kein saftiges, grünes Gras, was mich nicht sonderlich überraschte. Was mich aber schockierte, war die Entdeckung, dass unter den Dornen wirklich nichts wuchs – nicht einmal Unkraut! Unter Dornen gibt es nur kahle Erde, vielleicht noch ein bisschen altes Laub, sonst nichts.

Und genau das erlebte und durchlebte ich in diesen Nächten im Februar 2014. Diese Sorgen waren wie die Dornen, völlig nervig und unerwünscht. Sie brachten mich beinahe um den Verstand, sie erstickten alles andere und sie vereinnahmten mich komplett. Die durch all die Neuigkeiten und Veränderungen entstandenen Sorgen wucherten und ließen keinen Raum für irgendetwas anderes.

Als ich die Dornenhecken in unserem Garten rodete, fragte ich danach einen guten Freund, der Landschaftsgärtner ist, was man denn gegen so eine Übermacht von Dornen machen könne. Seine Antwort war sehr eindrücklich und pragmatisch: „Einfach beständig drübermähen, zum Beispiel mit dem Rasenmäher oder der Motorsense. Irgendwann geben die Dornen auf – und dann fangen sie meistens irgendwo anders an zu wachsen." In unserem Garten habe ich das ausprobiert und sein Tipp funktioniert tatsächlich. In der gerodeten Ecke haben die Dornen nach unzähligem Mähen weitestgehend aufgegeben und sind verschwunden. Dafür gibt es andere Plätze, an denen sie nun munter sprossen.

Doch wie ist das mit den „Dornen im Leben", die alles ersticken? Wie verhält es sich mit all den völlig realen Sorgen, die wir in unserem Alltag haben – den Sorgen, die uns schlaflose Nächte verursachen, die alles vereinnahmen und ersticken? Der Möglichmacher hat einen Lösungsvorschlag. Er sagt zu uns Menschen: „Überlasst all eure Sorgen *mir*, denn *ich sorge mich* um alles, was euch betrifft!" (nach der Bibel, 1. Petrus 5,7).

In diesen schlaflosen Nächten im Februar 2014 habe ich angefangen, das auszuprobieren. In manchen Bibelübersetzungen steht, dass wir unsere Sorgen auf den Möglichmacher

„werfen" sollen, also nichts Passives im Sinne von: „Schauen wir mal, das wird schon wieder", sondern etwas total Aktives. Nächtelang habe ich Gott mit meinen Sorgen verbal bombardiert. Immer wieder habe ich zu ihm gesagt: „Ich werfe jetzt all diese Sorgen, die mich schier verrückt machen, auf dich. Jetzt sorge du für mich! Für uns als Familie! Ich vertraue dir das alles an, immer und immer wieder. Jetzt bin ich wirklich gespannt darauf, ob du dein Versprechen hältst und für uns sorgst!"

In all meinem Sorgen-auf-ihn-Werfen war viel Zweifel, Hadern und Hinterfragen involviert. Es war, als würde ich mit dem Rasenmäher über die Dornen mähen, immer und immer wieder, tagelang, bis die Dornen einfach aufgeben und aufhören zu wachsen. Genau so habe ich das dann auch erlebt: Ich habe all meine Sorgen immer wieder auf den Möglichmacher geworfen und habe dabei erlebt, dass er das, was er verspricht, auch tatsächlich einhält. Der Möglichmacher hat sich auf eine Art und Weise um uns als Familie gekümmert, die ich nicht erklären kann. Ich könnte Ihnen stundenlang davon erzählen, doch ich will mich kurzfassen.

Er hat es unter anderem ermöglicht, dass wir als Familie in einem traumhaft schönen Haus mitten in Neuenstein leben dürfen – und das, obwohl uns vorher jeder sagte: „Es ist unmöglich, in Neuenstein ein Haus für eine so große Familie zu finden!" Er hat für uns ein Umfeld vorbereitet, in dem wir uns extrem wohlfühlen: All unsere Nachbarn sind sehr freundlich und entgegenkommend. Schule und Kindergarten sind in der näheren Umgebung. Hier gibt es wenig Schnee, weshalb unsere Kinder kaum zum Skifahren kommen wie früher, aber sie haben neue Hobbys gefunden und fühlen sich vollkommen zu Hause in den unterschiedlichsten Vereinen. Ihnen ist das Einleben in „meiner alten Heimat" leichter gefallen als mir.

Der Möglichmacher hat für ein Arbeitsumfeld gesorgt, das

es mir viel mehr ermöglicht, das auszuleben, was mir auf dem Herzen liegt und worin ich aufblühe, als mein vorheriger Arbeitsplatz es jemals hätte tun können.

Der Möglichmacher weist uns immer wieder darauf hin, wie sinnlos das Sorgenmachen ist. Er sagt sehr deutlich zu uns: „Können all eure Sorgen euer Leben auch nur um einen einzigen Augenblick verlängern? Nein" (Die Bibel, Matthäus 6,27).

Wenn ich in meinem kurzen Leben eins gelernt habe, dann ist es das: Die Leute, die sich viele Sorgen machen, sterben genauso wie die Menschen, die sich nie Sorgen zu machen scheinen. Sich-Sorgen-Machen verändert nichts an meiner Situation. Das Einzige, was Sich-Sorgen-Machen mit mir tut, ist mich vereinnahmen und alles ersticken, was lebendig und lebensfördernd ist.

Ich weiß nicht, wie es Ihnen gerade geht, in welcher Situation Sie sich befinden. Bei mir habe ich Folgendes entdeckt: Egal, wie aussichtslos eine Situation mir erschien, ich habe noch nie im Nachhinein gedacht: „Ach, hätte ich mir nur mehr Sorgen gemacht!"

Sich-Sorgen-Machen lohnt sich nicht. Sich noch mehr zu sorgen, lohnt sich noch weniger. Deswegen fordert uns der Möglichmacher in seinem Buch immer wieder dazu auf, uns nicht zu sorgen, da wir an den meisten Dingen im Leben sowieso nichts ändern können.

Diese negative Art von Sorgen hat nichts mit Fürsorge zu tun oder damit, sich über etwas Gedanken zu machen. Uns um andere zu kümmern, für sie zu sorgen oder uns selbst mit dem Alltag und der Zukunft auseinanderzusetzen, ist laut dem

Möglichmacher eine absolute Notwendigkeit. Sorgen dagegen sind vereinnahmend, ersticken jegliches Leben und ändern dabei überhaupt nichts – zumindest nicht zum Positiven.

Nun sind diese Sorgen aber immer wieder da. Sie erscheinen einfach in unserem Leben, ohne dass wir etwas dagegen tun könnten. Sie sind unberechenbar und kommen plötzlich und unerwartet, genauso wie die Dornen.

Es gibt verschiedene Möglichkeiten, mit diesen Sorgen umzugehen. Sie allein zu bewältigen, ist überwältigend. Sie in uns hineinzufressen, frisst uns auf. Sie weiterzureichen an andere Menschen, reicht sehr oft nicht, um tatsächlich etwas zu ändern. Sie wuchern zu lassen, wird alles Leben zerstören und uns ersticken. Doch wenn wir sie auf den Möglichmacher „werfen", erleben wir, dass er das, was uns unmöglich erscheint, möglich macht: Er sorgt für uns, oftmals auf unerklärliche Art und Weise, aber er tut es.

Der Möglichmacher ist der beste Fürsorger, denn er allein kennt alle Sorgen und steht über allen Sorgen und über allen Umständen. Gerade deshalb ist er in der Lage, uns seine Fürsorge zu zeigen, wenn wir von den Unmöglichkeiten überwältigt werden.

Die Sorgen werden immer wiederkommen, sie sind Teil unseres Lebens, manchmal mehr manchmal weniger, aber sie kommen, genau wie die Dornen. Wenn wir uns selbst Sorgen machen, ändern wir nichts – wir werden lediglich erleben, wie die Sorgen uns vereinnahmen. Wenn wir dagegen unsere Sorgen auf den Möglichmacher werfen, dann entledigen wir uns auf der einen Seite der Last der alltäglichen Sorgen, auf der anderen Seite erleben wir dann seine Fürsorge.

Das gilt für jeden Menschen. Sie können die Fürsorge des Möglichmachers persönlich in dem Maß erleben und auskosten, in dem Sie ihn Ihren „Für-Sie-Sorger" sein lassen und ihre Sorge auf ihn werfen.

3. DER WORTEINHALTER

Rudyard Kipling, der Autor des Dschungelbuchs, sagte einmal: „Worte sind die mächtigste Droge, welche die Menschheit benutzt."

Mit Worten wecken wir Hoffnung und gleichzeitig gebrauchen wir sie, um andere zu enttäuschen. Mit Worten ermutigen wir einander und mit ihnen können wir unser Gegenüber zutiefst verletzen, oft tiefer als jede körperliche Verletzung. Alles auf dieser Welt und darüber hinaus hat seinen Ursprung in gesprochenen Worten, die eingehalten oder gebrochen wurden. Alles Lebenschenkende und alles Lebenzerstörende beginnt mit Worten. Worte sind wichtig – wichtiger, als man denkt!

Allerdings muss auch erwähnt werden, dass Worte in unserer Zeit ihren Wert verloren haben. Wir hören zu viele Worte jeden Tag. Vor der Industrialisierung hat die Durchschnittsperson etwa fünf- bis zehntausend Worte am Tag gehört. Jetzt hört oder sieht man mehr als fünfzigtausend Worte am Tag. Überall werden wir mit Worten bombardiert.[3] An jeder Ecke gibt es Zeitungen und Zeitschriften – Worte ohne Ende. Fernsehen und Radio überschütten uns mit Worten. Und dann sind da noch die ganzen sozialen Netzwerke: Facebook, Twitter, WhatsApp und unzählige andere. Wie viele Nachrichten schreiben und empfangen Sie täglich? Ich selbst überfliege vieles nur noch und lösche es so schnell wie möglich wieder, weil ich nicht mehr die Zeit finde, jedes Wort einzeln zu lesen.

Unser Gehirn hat deswegen eine Art Schutzfilter, der darüber entscheidet, was durchgelassen wird und was „ins eine Ohr rein und zum anderen Ohr wieder rausgeht". Sehr viele Worte prägen unser Unterbewusstsein, ohne dass uns überhaupt bewusst ist, dass wir sie gehört haben. Wir hören viel und hören doch wenig, das Phänomen unserer Zeit.[4]

Worte, Worte, Worte – die Werbung, die Medien, die Musikindustrie und viele Menschen, mit denen wir persönlich zu tun haben, versuchen, Worte zu finden, die es durch diesen Schutzfilter schaffen. Bei meiner Tätigkeit als Skilehrer wurde mir das bewusst: Ich hatte den ganzen Tag mit Menschen zu tun und es wurde viel geredet und gehört, aber an vieles konnte ich mich ein paar Minuten später schon nicht mehr erinnern. In unserem Skigebiet gab es etliche Pisten, auf denen Musik gespielt wurde. Als ich mit einer Gruppe unterwegs war, wurde der alte Schlager „Das rote Pferd" von Markus Becker eingespielt – da war er, der Ohrwurm! Diese Worte schafften es durch meinen Schutzfilter, und diese Worte hatte ich für den Rest des Tages in meinem Kopf, ob ich es nun wollte oder nicht.

Früher haben die Menschen oft den ganzen Tag mehr oder weniger schweigend gearbeitet. Abends setzte man sich zusammen, um sich über das am Tag Erlebte auszutauschen, und ging dann relativ schnell ins Bett. Deswegen waren die „paar Worte", die gehört und gesprochen wurden, auch wertvoll und gewichtig. Bei zu vielen Worten schaltet man dagegen einfach ab, wir alle kennen das aus unserem Alltag. Wenn jemand immer sehr viel redet, dann neigt man dazu, ihm nicht mehr richtig zuzuhören.

Eines unserer Kinder hatte bis vor ein paar Jahren die Gabe, nonstop zu reden. Ich kann mich noch gut an einen schönen Wintermorgen erinnern. Wir brauchten ungefähr zwölf Minuten zu Fuß für die Strecke von unserem Haus bis zum Kindergarten und mein Sohn redete ohne Unterbrechung die komplette Zeit. Als ich mich am Kindergarten von ihm verabschiedete, wurde mir auf einmal bewusst, dass ich keine Ahnung hatte, was er mir erzählt hatte. Während er mir mit unterschiedlichsten Worten seine Erlebnisse und Gedanken geschildert hatte, war ich mit dem Kopf ganz woanders gewesen und hatte nur ab und zu mal „Aha" oder „Wirklich?" gesagt.

Auf der anderen Seite: Wenn jemand, der nicht viel redet, mal etwas sagt, dann hört man meistens aufmerksam zu. Meine Oma machte nie viele Worte. Als ich in meiner Jugendzeit verrückte Dinge tat, versuchten mich viele Leute, wieder zur Vernunft zu bringen. Doch das ganze gut gemeinte „Geschwätz" hinterließ bei mir

ES WERDEN SO VIELE WORTE GEMACHT, WIE VIEL DAVON HAT ÜBERHAUPT NOCH GEWICHT? ES WIRD SO VIEL VERSPROCHEN, WIE VIEL WIRD DAVON ÜBERHAUPT GEHALTEN?

absolut keine Wirkung. Meine Oma mischte sich da nie ein. Doch eines Tages sagte sie: „Das ist nicht gut, was du da machst." Das schlug ein wie eine Granate! Diese Handvoll Worte hinterließen eine Wirkung und bewegten mich damals dazu, mein Leben zu überdenken und meinen Lebenswandel zu hinterfragen.

Es werden so viele Worte gemacht, wie viel davon hat überhaupt noch Gewicht?

Es wird so viel versprochen, wie viel wird davon überhaupt gehalten?

In vielen Ländern dieser Welt werden Waffenstillstände versprochen und gebrochen. Wenn die Politiker um ihre

Wahl kämpfen, werden beinahe endlose Listen von Versprechen gemacht. Und dann kommt ihre Amtszeit und die oftmals große Enttäuschung der Wähler. Der Betriebsrat verspricht bei der Weihnachtsfeier: „Nächstes Jahr wird es anders", und man ertappt sich selbst bei dem Gedanken: „Wer's glaubt, wird selig."

Aber all das passiert ja nicht nur in der großen Öffentlichkeit, sondern auch in der Nachbarschaft oder sogar im eigenen Zuhause. „Für immer und ewig" wird bei einer Eheschließung versprochen und wie oft wird dieses Versprechen gebrochen? Morgens beim Frühstück verspreche ich meinen Kindern noch voller Energie und hochmotiviert eine Kissenschlacht, bevor ich sie abends ins Bett bringe, und dann komme ich nach einem vollen Arbeitstag fix und fertig nach Hause und verschiebe die Kissenschlacht auf „vielleicht morgen".

Der Möglichmacher drückte es mal so aus: „Bei vielen Worten bleibt Treubruch nicht aus, wer aber seine Lippen zügelt, handelt klug" (Die Bibel, Elberfelder, Sprüche 10,19). Erst mal denken, dann reden. Je mehr man redet und verspricht, desto größer ist die Gefahr, leere Worte zu machen. Das Endresultat aus zu vielen Worten ist immer dasselbe: Enttäuschungen, Verletzungen, Zweifel, Misstrauen und Unglaube bis hin zu Gleichgültigkeit.

Als Teenager hatte ich einen besten Freund. Wir machten alles zusammen. Als das Thema Mädchen ein immer größerer Bestandteil unseres Lebens wurde, versprachen wir uns hoch und heilig: Wenn einer von uns Interesse an einem Mädel hat, lässt der andere die Finger von ihm. Wenn einer eine Beziehung beendet hat, lässt der andere die Finger von der Ex.

Damals verliebte ich mich Hals über Kopf in ein Mädchen eine Klasse unter mir – ich nenne sie jetzt einfach mal Daniela. Als ich meinem Kumpel begeistert von ihr erzählte, war für uns beide klar: Er lässt die Finger von ihr. Die junge Dame und ich lernten uns immer besser kennen und dann kamen die Sommerferien. Als Leistungssportler war ich oft unterwegs auf verschiedenen Trainingslagern, und da es während meiner Schulzeit noch keine Handys gab, hatten wir für ein paar Wochen nicht viel Kontakt. Obwohl es ein hervorragendes Trainingslager war, freute mich schon sehr darauf, endlich wieder nach Hause zu kommen, Zeit mit meinem besten Freund zu verbringen und vor allem auch, Daniela wiederzusehen. Als ich endlich wieder zu Hause war, verabredeten wir, abends auszugehen. Voller Vorfreude zog ich los, um die zwei und etliche andere Freunde zu treffen. Als ich dort ankam, traf mich schier der Blitz: Zwischen meinem besten Freund und Daniela hatte es gefunkt, und weil ich etliche Wochen weg gewesen war, waren sie mittlerweile sogar schon ein Paar!

Dieses nicht erfüllte Versprechen brachte viele schmerzhafte Konsequenzen mit sich. Wegen eines Versprechens, das nicht gehalten wurde, gab es damals viel Streit untereinander, viele Tränen und ganze Freundeskreise veränderten sich. Mein Freund wollte mich damals nicht bewusst verletzen. Er hatte auch nie beabsichtigt, sein Versprechen zu brechen. Aber aufgrund der Umstände hatte sich das auf einmal alles geändert. Die Realität seines Versprechens von gestern war im Heute irrelevant und im Morgen schon Geschichte.

Wahrscheinlich brechen die wenigsten Menschen ihre Versprechen bewusst, und doch passiert es uns allen immer wieder unbewusst oder zumindest unbeabsichtigt: Die Umstände haben sich geändert, Unvorhersehbares ist eingetroffen, unsere Gefühle und Emotionen haben unsere Meinung revidiert und aufgrund dessen haben wir unsere Worte nicht eingehalten oder es war uns unmöglich, sie einzuhalten.

Doch jedes nichterfüllte Versprechen und jedes unserer nicht eingehaltenen Worte hat Auswirkungen, ob uns das bewusst ist oder nicht. Wir alle kennen sie. Und obwohl wir meistens auf der Überholspur des Lebens unterwegs sind und meinen, wir wären resistent gegenüber nicht eingehaltenen Worten, so gibt es doch die ruhigen Momente des Lebens, die Sekunden, in denen wir die Konsequenzen von verletzten Versprechen durchleben.

Wort-Einhalten ist uns Menschen oft unmöglich, obwohl wir es uns vielleicht aus tiefstem und ehrlichem Herzen vornehmen und wünschen. Worte von heute werden zum Schnee von gestern, und Schnee von gestern ist wenig attraktiv. Mit dieser Tatsache müssen wir Menschen im Miteinander und Nebeneinander leben und klarkommen. Trotzdem verspüre ich in mir selbst immer wieder das Verlangen und die Sehnsucht nach jemand, bei dem das anders ist.

Und diesen Jemand gibt es tatsächlich. Der Möglichmacher ist der Worteinhalter: „Denn das Wort des *Möglichmachers* ist wahr, und auf das, was er tut, kann man sich verlassen" (nach der Bibel, Psalm 33,4). Auf alles, was der Möglichmacher sagt, ist hundertprozentig Verlass. Sein Reden und sein Handeln stimmen überein und sind im Gesamten absolut identisch.

Jedes Wort einzuhalten, das ist nur möglich, wenn einem das Unmögliche möglich ist. Doch der Worteinhalter sagt nicht nur, dass er all seine Worte einhält, sondern er setzt sogar noch eins drauf: „Himmel und Erde werden vergehen, aber meine Worte werden ewig bleiben" (Die Bibel, Markus 13,31).

Die Welt wird vergehen, Dinge ändern sich. Das, was war, ist nicht mehr und das, was ist, wird nicht bleiben, egal, wie sehr wir auch dagegen ankämpfen. Nur eins bleibt und vergeht nie: die Worte des Möglichmachers.

Wahrscheinlich erscheint Ihnen das jetzt völlig absurd. Vielleicht empfinden Sie es als arrogant, geradezu lächerlich. Für uns sterbliche Menschen klingt das völlig abwegig und unmöglich, aber beim Möglichmacher sind alle Dinge möglich.

Die Worte des Worteinhalters – die Bibel – werden oft auf dasselbe Regal gestellt wie alle anderen Worte, Versprechen, Denkweisen, menschlichen Gedankengebäude und Philosophien. Viele glauben, dass es keinen Unterschied gibt zwischen dieser oder jener philosophischen Meinung und dem, was in der Bibel steht. Heutzutage werden Menschen, die diese Worte und Versprechen ernst nehmen, als naiv und altmodisch angesehen, so ist halt der Trend. Aber vielleicht ist der Trend ja in ein paar Jahren ganz anders?

Vor Kurzem las ich „Das Buch der Mitte"[5] des indischen Philosophen, Sozialreformers und Christen Vishal Mangalwadi. Es enthält phänomenale, sehr tiefe und fundierte, gut durchdachte und recherchierte Gedanken in Bezug auf die Bibel, dieses Buch mit den Worten des Möglichmachers. Der Autor ist der Ansicht, dass die Bibel brandaktuell ist. Sie hat alle bisherigen Trends sehr erfolgreich überlebt, weil es die Worte des Möglichmachers an uns Menschen sind, zu denen er selbst steht, unabhängig von uns Menschen.

Ich genieße es, mit dem Worteinhalter zu leben. Ich habe schon viel erlebt und durchlebt mit ihm und ich kann nur sagen: Er hat mich noch nie enttäuscht in dem, was er mir zusagt, auch wenn ich vieles nicht verstehe. Er steht zu allem, was er sagt, und zwar zu hundert Prozent. Ganz anders als ich und meine Mitmenschen. Ihn beim Wort zu nehmen in einem Umfeld, in dem ihn viele Menschen nicht mehr beim Wort nehmen, ist nicht immer einfach, aber es gibt meinem Leben eine Tiefe und Beständigkeit in einer Welt, in der nichts sicher scheint. Auf ihn kann ich mich verlassen, immer, überall und in Bezug auf alles, was er sagt.

Das Vertrauen auf seine Worte bedeutet, zu glauben, dass sein Wort nach wie vor gilt und aktuell ist, unabhängig von gesellschaftlichen Trends, der wirtschaftlichen Situation in der Welt und in unserem Land oder den Versprechen der Politik. Er hält sein Wort unabhängig von Ihrer persönlichen Lebenssituation und Ihrem Verhalten. Er ist der Worteinhalter, unabhängig davon, ob wir uns darauf einlassen oder nicht. Einige seiner Worte werden in diesem Buch zitiert, erklärt und verbildlicht, viele andere warten darauf, von Ihnen entdeckt zu werden.

4. DER LAUNENERTRAGER

„Launen sind Nebelzustände des sich noch nicht formulierenden Ich.
Launen sind Gefühlswahrheiten im Dunkel des Höheren Selbst.
Launen sind Seelenäußerungen zwischen Depression und Ekstase."
Christa Schyboll, Eventmanagerin, Autorin

Als ich dieses Zitat vor einiger Zeit das erste Mal las, dachte ich: „Genau das ist es!" Launen sind oft unerklärlich und undurchsichtig wie der Nebel. Trotzdem sind sie total real und präsent, auch wenn sie schwer zu greifen und zu begreifen sind. Sie sind die Äußerungen unseres wirklichen inneren Ich und können von einem Extrem ins andere schwanken – und zwar schlagartig.

Ich arbeite sehr viel mit Teenagern und Jugendlichen und in diesem Alter sind diese Schwankungen wahrscheinlich am stärksten ausgeprägt. Bei einem Camp mit Teenie-Mädels waren schon morgens beim Frühstück etliche total über- und aufgedreht, während andere so übel drauf waren, dass sie explodierten, wenn man sie nur nach dem Kaffee fragte. Die Launen während der Aktivitäten, die wir mit ihnen unternahmen, waren wie ein bunter Blumenstrauß. Von blühend und herrlich duftend über relativ „normal" bis hin zu komplett verwelkt, leblos und unmotiviert, alles war dabei. Abends, wenn dann alle von dem langen Tag und den herausfordernden Erlebnissen, der intensiven Reflexion und Gemeinschaft müde waren, kamen die unterschiedlichen Launen teilweise noch ungebremster zum Vorschein. Die eine weinte vor lauter Glück und Freude über die Dinge, die sie bewältigt hatte, eine andere weinte, weil sie Heimweh hatte. Während manche total gesprächig waren und dem Erlebten Ausdruck gaben, waren andere so überwältigt von dieser anderen Welt in den Bergen, dass es ihnen an Worten fehlte. Ich war froh, zwei sehr kompetente Sozialarbeiterinnen dabei zu haben, die die Mädels schon länger kannten und mit dieser Vielfalt von Launen und Emotionen nicht so überfordert waren wie ich.

Mit zunehmenden Alter sind diese Launen weiterhin da, aber wir lernen immer besser (manche mehr, manche weniger), damit umzugehen und sie nicht überall und vor jedermann auszuleben, weil wir mittlerweile wissen: Das hält kein Mensch beständig aus!

Launen sind häufig einfach da, oft „entstehen" sie aufgrund unserer Umstände, aber genauso oft haben sie auch wenig damit zu tun. Es ist schon phänomenal, dass unterschiedliche Menschen, die genau dieselben Umstände erleben, komplett unterschiedliche Launen haben können. Mir fällt das immer wieder auf, wenn ich mit meinen Mitarbeitern im Büro sitze: Wir alle sitzen in derselben Besprechung, wir reden über dieselben Dinge, das Thermometer zeigt 21,3 Grad Celsius für alle an und jeder von uns hat gerade etwas Gutes zu Mittag gegessen. Nun ist ein Mitarbeiter dabei, der gerade wenig Lust hat, etwas zu besprechen, weil es zu kalt ist. Eine andere ist total motiviert und hat vieles zu erzählen, während einem Dritten alles zu schnell geht und er dem auch Ausdruck verleiht. Ich sitze in der Besprechung, mir geht alles zu langsam und deswegen bin ich zumindest innerlich angespannt und genervt – außerdem ist es mir zu heiß.

Blaise Pascal, der französische Religionsphilosoph und Naturwissenschaftler, sagte einmal treffend: „Das Wetter und meine Laune haben wenig miteinander zu tun. Ich trage meinen Nebel und meinen Sonnenschein in meinem Inneren." Bei einem Menschen scheint innerlich die Sonne und beim anderen tobt ein innerer Sturm – und das, obwohl beide denselben Umständen ausgesetzt sind.

Meine wunderbare Frau und ich haben fünf gesunde und lebendige Kinder, die wir sehr lieben und für die wir unglaublich dankbar sind. Unsere Kinder leben ihre Launen oftmals einfach aus, wie Kinder das halt so tun. So wie es innerlich aussieht, kommt es heraus, völlig ungefiltert und ungebremst. Meine Frau, die wirklich viel aushält, und ich, der etwas schneller in Anspannung gerät, brauchen immer wieder Auszeiten von all diesen Emotionen. All diese Launen rund um die Uhr und jeden Moment des Lebens auszuhalten wäre unerträglich und würde einen fertigmachen.

Bei vielen engen Freunden und Bekannten kann ich größtenteils ich selbst sein, aber auch nicht ständig und uneingeschränkt. Wenn ich das tun würde, hätte ich wahrscheinlich bald keine Freunde und keine Arbeitskollegen mehr – ich wäre nicht zum Aushalten.

Das gilt auch in der Ehe. Wir können unsere Launen nicht unbegrenzt und völlig ungebremst ausleben, da der Partner trotz großer Liebe, wirklicher Anteilnahme, großem Verständnis und völligem Einfühlungsvermögen oft damit überfordert wäre und an seine Grenzen kommen würde. Ich selbst komme ab und zu mit einer schrecklichen Laune nach Hause, weil irgendetwas ganz anders gekommen ist, als ich es mir vorgestellt hatte. Meine Frau kennt mich sehr gut und merkt das relativ schnell. Manchmal bietet sie mir an, erst mal eine Runde Laufen zu gehen, um Dampf abzulassen. Sie ermutigt mich dazu, weil sie weiß, dass meine Laune danach eine andere sein wird, zumindest in den meisten Fällen. Ohne diese Möglichkeit, mich abzureagieren, wäre ich auch für sie unerträglich.

Auf dieser Welt gibt es tatsächlich keinen Menschen, der mich, meine Launen und wie es wirklich tief in mir drin aussieht, beständig aushalten könnte. Das ist völlig unmöglich. Aber es gibt jemanden, der größer ist als jeder Mensch dieser Welt – der Möglichmacher. Er ist der Launenertrager, zu dem man mit jeder Laune jederzeit kommen kann. Er ist der Einzige, vor dem man einfach man selbst sein kann und nicht darüber nachdenken muss: „Was denkt der wohl von mir, wenn ich das jetzt einfach alles rauslasse?!"

Der Launenertrager sagt: „Der Mensch urteilt nach dem, was er sieht, doch *ich sehe* ins Herz" (nach der Bibel, 1. Samuel 16,7). Er ermöglicht es mir und jedem Menschen, jederzeit mit allen Launen zu ihm zu kommen, weil ihm all diese inneren, oft unerklärlichen und trotzdem total realen Zustände nicht fremd sind. Er sieht nicht nur darauf, wie wir uns äußerlich geben, oder auf das, was wir äußerlich vorgeben zu fühlen, sondern er kennt uns durch und durch. Er schaut auf das Herz, das tiefste innere Ich. Er kennt meine Gefühle und Launen und kann damit umgehen, sie aushalten, sie ertragen. Der Launenertrager ist der Einzige, bei dem ich zu hundert Prozent und jederzeit einfach ich sein kann!

Das klingt unglaublich, ist aber wahr. Leider malt uns die christliche Religion ein völlig falsches Bild vor Augen: „Du musst so oder so sein / dich so oder so verhalten, damit du zum Möglichmacher kommen kannst." Das ist eine Lüge, die schrecklicherweise sehr tief in uns verwurzelt ist. Vielleicht meiden Sie gerade aufgrund dieser Lüge den Kontakt zum Möglichmacher. Aber er ist ganz anders.

Wir können viel davon lesen, wie, wann und vor allem mit

DER LAUNENERTRAGER IST DER EINZIGE, BEI DEM ICH ZU HUNDERT PROZENT UND JEDERZEIT EINFACH ICH SEIN KANN!

welchen Launen und emotionalen Verfassungen die unterschiedlichsten Menschen zum Möglichmacher gekommen sind. Vor etwa 2600 Jahren durchlebte ein Mann namens Jeremia viele schwere Zeiten. Er fühlte sich von Gott und der Welt verlassen und machte in dieser Situation seinen Emotionen einfach Luft. Er sagte zu dem Möglichmacher: „Du würdest immer recht behalten, wenn ich mit dir streiten wollte. Trotzdem will ich einige Rechtsfragen mit dir bereden: Warum geht es den Menschen, die gar nicht nach dir fragen, so gut? Wie kann es sein, dass ungerechte Menschen in Ruhe und Frieden leben können?" (Die Bibel, Jeremia 12,1).

Jeremia scheute sich nicht, dem Möglichmacher sein wirkliches Ich zu zeigen, ganz im Gegenteil, er wurde noch extremer in seiner Klage: „Wie geht es mir schlecht, meine Mutter! Oh, warum hast du mich nur geboren!" (Die Bibel, Jeremia 15,10). Er spricht hier nicht wirklich mit seiner Mutter (das erkennt man, wenn man die Verse davor und danach liest), sondern verwendet diese Worte, weil er emotional am Tiefpunkt seines Lebens ist. Er hinterfragt sogar den Grund seiner Existenz. Aber er geht noch weiter: „Der Tag soll verflucht sein, an dem ich geboren wurde! Kein Segen soll auf dem Tag liegen, an dem mich meine Mutter zur Welt brachte! Verflucht sei auch der Bote, der meinem Vater die Nachricht brachte: ‚Freu dich: Dir ist ein Sohn geboren!'" (Die Bibel, Jeremia 20,14-15).

Jeremia offenbart dem Möglichmacher seine Selbstmordgedanken und zieht über andere Leute her. Sätze wie diese finden wir im Jeremia-Buch in der Bibel nicht nur einmal, sondern immer wieder. Ich kenne niemanden, bei dem es möglich wäre, mich so freizügig und offen „auszukotzen" und mir meine Launen von der Seele zu reden – und das sogar wiederholt und über einen längeren Zeitraum. Wenn wir die Reaktionen des Möglichmachers auf dieses Verhalten lesen, dann sind es eigentlich nur Ermutigungen und die Zusicherung, Jeremia Kraft und Mut zu geben.

Die hundertfünfzig Psalmen in der Mitte der Bibel sind Gebete, das heißt Gespräche mit dem Möglichmacher von Menschen wie uns, die ihre Launen und emotionalen Schwankungen einfach ehrlich und ohne Scheu dem Möglichmacher vor die Füße gekippt haben. Innerhalb dieser Gespräche finden wir extreme Höhen und Tiefen in beinahe demselben Atemzug: „Denn ich bin arm und hilflos, und mein Herz ist voller Schmerzen. Ich vergehe wie ein Schatten am Abend … meine Knie sind schwach … Ich aber will dem Herrn (also dem Möglichmacher) stets aufs Neue danken und ihn vor allen Menschen preisen" (Die Bibel, Psalm 109,22-24.30).

Hin und Her, rauf und runter, mal links und mal rechts – ehrliche Emotionen, die wir Menschen in all den Höhen und Tiefen des Alltags durchleben, ausgeschüttet vor dem Launenertrager. Und das waren nur zwei kleine Beispiele von Hunderten in der Bibel.

Vor ihm kann jeder Mensch in völliger Freiheit ehrlich werden, das Herz ausschütten, Zweifel kundtun, Ärger ablassen, Frustration rausschreien, schlechte Laune abgeben, Unverständnis ausdrücken, Müdigkeit zugeben, Gleichgültigkeit eingestehen, Dankbarkeit verkünden, Freude zujubeln, Lob und Ergriffenheit heraussingen. Ob tiefste Depression, völlige Ekstase oder irgendetwas dazwischen – der Launenertrager kann mit allem umgehen, weil er unser Herz kennt. Er ist niemals überfordert. Er wird niemals einfach weglaufen. Er erträgt alles, weil für ihn das Unmögliche möglich ist.

Ich selbst habe einen Lieblingspsalm, der ein inspirierendes Beispiel dafür ist, wie ehrlich ich sein darf und was das mit mir macht. In Psalm 13 finde ich die unterschiedlichsten Emotionen:

- absolute Saulaune: Anklage, Frustration, Kummer und Angst.
- völlige Hilflosigkeit: Bitten, Flehen und Jammern.
- gute Laune: Vertrauen, frohes Herz, Freude und Jubel.

Vielleicht ist Ihr Leben anders, aber in meinem gibt es zumindest innerlich viele Höhen und Tiefen. Äußerlich habe ich gelernt, mich zusammenzureißen, die Zähne zusammenzubeißen, nicht zu übertreiben und grenzenlose Freude nicht einfach ungefiltert rauszulassen, weil das meine Mitmenschen hoffnungslos überfordern würde. Aber all das, was innerlich da ist, einfach loszuwerden bei jemandem, von dem ich weiß: „Er kann meine Launen ertragen!", das ist eins der größten Vorrechte, die ich habe.

Oft schütte ich dem Launenertrager mein Herz aus, wenn ich spazieren gehe oder laufe. Wenn ich am Boden zerstört bin, lasse ich meinem Unmut freien Lauf und komme meistens wieder völlig ausgeglichen und mit einer anderen Perspektive nach Hause. Wenn ich emotional einfach von Freude und Dankbarkeit überwältigt bin wegen Menschen und Dingen, die ich erleben darf, dann laufe ich bei uns in die Weinberge und am höchsten Punkt juble ich es hinaus, wohl wissend, dass ein Mensch mich hier nicht verstehen würde, von meinen Launen und Emotionen völlig überfordert wäre und mich vielleicht für verrückt erklären würde. Aber der Launenertrager sieht und versteht mich, weil er mein Herz kennt und eben nicht nur mein äußeres Erscheinungsbild. Immer wieder erlebe ich, wie er dann die Worte und die Geduld schenkt, all das Empfundene so in Worte zu fassen, dass andere damit umgehen und es sogar nachvollziehen können.

Ziemlich in der Mitte der Bibel wird von einem Mann berichtet, der sehr ehrlich war, weil er den Launenertrager kannte. Am absoluten Tiefpunkt seines Lebens rieten ihm seine religiösen Freunde, sich vor dem Möglichmacher nicht so aufzuführen, aber er machte weiter. Am Ende dieser Geschichte macht dieser Mann – Hiob ist sein Name – eine lebensverändernde Entdeckung in Bezug auf den Möglichmacher: „Bisher kannte ich dich nur vom Hörensagen, doch jetzt habe ich dich mit eigenen Augen gesehen" (Die Bibel, Hiob 42,5).

Ich kann diese Aussage mit meinem eigenen Leben bezeugen: In dem Maß, in dem ich bereit bin, mein innerstes und ehrlichstes Herz vor dem Launenertrager auszuschütten, wird er für mich zu einer erfahrbaren und persönlichen Realität. Dadurch bleibt er nicht nur jemand, von dem ich mal gehört habe, oder jemand, über den ich viel weiß, sondern ich darf ihn persönlich kennen und erleben.

Er ist der Launenertrager und er ist bereit, Ihre Launen zu ertragen. Alle. Jederzeit. Überall. Lichten Sie den Nebel der Gefühlswahrheiten, äußern Sie die Launen irgendwo zwischen Depression und Ekstase ihm gegenüber, denn sonst bleibt es dunkel und neblig.

Vielleicht ist Ihnen das alles völlig fremd, weil Sie nicht gelernt haben, Ihre Gefühle auszudrücken oder weil Sie glauben, dass man so nicht mit dem Möglichmacher reden darf. Werfen Sie Ihre Vorurteile über Bord und probieren Sie es einfach aus. Ganz gleich, in welcher Situation Sie sich befinden: In dem Maß, in dem Sie sich ihm anvertrauen, erwidert er Ihr Vertrauen. Wie? Das kann ich Ihnen nicht sagen, denn der Möglichmacher hat zu viele Möglichkeiten und begegnet jedem Menschen anders. Aber Sie werden es wissen und erleben.

5. DER DURSTLÖSCHER

Wenn ich mit unseren Kindern zum Bäcker gehe, dann rennen sie sofort alle zum Kühlschrank, in dem die kalten Getränke angeboten werden. Dort gibt es unter anderem Tetrapaks mit sehr süßem Inhalt in den unterschiedlichsten Geschmacksvariationen, die sich „Durstlöscher" nennen. Sobald meine Kinder davorstehen, schauen sie mich mit großen Augen und fragendem Hundeblick an, in der Hoffnung, einen „Durstlöscher" zu bekommen. Manchmal gewinnen sie, manchmal gewinne ich.

Tatsache ist – und das war schon in meiner Kindheit so – egal, wie viel man von diesem vielversprechenden Getränk auch trinkt, nach einer Weile hat man wieder Durst. Nichts kann dauerhaft unseren Durst löschen. Genauso geht es uns in den meisten anderen Bereichen unseres Lebens. Wir haben nie genug, sondern wollen immer mehr.

Das erste Mal wurde mir das als kleiner Junge bewusst. Damals gab es im Schaufenster einen richtig coolen Lego-Traktor, den ich unbedingt zu Weihnachten haben wollte. Da er für unsere Verhältnisse zu teuer war, beschwor ich meine Eltern mit folgenden Sätzen: „Ihr könnt mir den Traktor ja zu Weihnachten und zum Geburtstag schenken, und sonst will ich absolut nichts mehr!" Aber weil dieses Argument am Anfang wenig zog, setzte ich noch eins drauf: „Wenn ich diesen Traktor bekomme, dann brauche ich nie wieder etwas!" Innerlich war ich als kleiner Junge fest überzeugt davon, dass das auch so sei. Zu meiner großen Überraschung bekam ich diesen Traktor tatsächlich zu Weihnachten. Ich war überwältigt und überglücklich. Die ganze Nacht verbrachte ich damit, ihn zusammenzubauen. In den frühen Morgenstunden war ich fertig und ging völlig zufrieden und erfüllt ins Bett.

Als ich ein paar Stunden später aufwachte, spielte ich voller Begeisterung eine Weile mit dem Traktor. Aber dann befiel mich eine große innere Leere und Enttäuschung, weil ich mich bei dem Gedanken ertappte: „Wenn ich jetzt noch den großen Anhänger zu diesem Traktor hätte, könnte ich noch viel besser spielen!" Ich war bestürzt darüber, dass ich meinen Eltern doch allen Ernstes versprochen hatte, dass ich mit der Erfüllung dieses Wunsches nie mehr etwas haben wollte. Kaum hatte ich bekommen, was ich wollte, hatte ich schon wieder Durst nach mehr.

Solche Erlebnisse hatte ich immer wieder. Im Jugendalter waren Sport und der Erfolg darin mein Leben. Zu Beginn träumte ich davon, einmal Kreismeister zu werden. Kaum war dieses Ziel erreicht, wollte ich schon Bezirksmeister werden, dann Württembergischer Meister, dann Baden-Württembergischer Meister, dann Deutscher Meister. Dieses Ziel habe ich zu meinem Bedauern nicht erreicht, weil ich aufgrund von Rückenproblemen mit dem Zehnkampf aufhören musste. Aber auch da merkte ich immer wieder: Ich habe „Durst nach mehr".

Man liest dasselbe auch von extrem erfolgreichen Menschen, zum Beispiel Spitzensportlern, Schauspielern, Musikern, Managern etc. Sie sagen manchmal Dinge wie: „Ich wünschte, mir hätte jemand gesagt, dass nach der obersten Sprosse der Erfolgsleiter nichts mehr kommt."

Vor langer Zeit lebte ein Mann namens Salomo. Er hatte alles, wovon wir oft träumen: Er war König und regierte über viele Menschen, er war ein erfolgreicher Feldherr und Herrscher. Er war ein großer und bedeutender Liederschreiber und Poet, außerdem war er ein sehr geschickter und erfolgreicher Geschäftsmann. Er kontrollierte den Handel mit den umliegenden Ländern, weil er die Töchter der angrenzenden Königreiche heiratete. Bei ihm lief es einfach gut, und er war rundum erfolgreich. Er hatte siebenhundert Frauen und dreihundert Nebenfrauen – mich würde das überfordern und stressen, ein anderer träumt vielleicht davon. Auf jeden Fall war Silber für diesen Mann damals wertlos, weil er so viel Gold hatte. Davon nahm er jährlich etwa 25 000 Kilo ein. Der Goldpreis schwankt ja ständig und ist von unterschiedlichen Faktoren abhängig, aber nehmen wir einfach an, ein Kilo Gold sei 37 000 Euro wert, dann hätten seine Einnahmen alleine in diesem Bereich bei 925 Millionen Euro pro Jahr gelegen. Zusätzlich hatte er weitere Handelseinnahmen von den Königen Arabiens. Wahnsinn!

Dieser Mann stellt im Buch des Möglichmachers ganz nüchtern fest: „So wie Tod und Zerstörung niemals genug haben, so sind die Augen des Menschen unersättlich" (Die Bibel, Sprüche 27,20). Ein sehr eindrücklicher Vergleich. Der Tod hat niemals genug. Ob wir es wollen oder nicht, jeder von uns wird sterben, denn der Tod hat niemals genug, er will immer mehr. Wir können dagegen ankämpfen, davonlaufen, so tun, als gäbe es ihn nicht, und es verdrängen, wenn Menschen um uns herum sterben. Fakt ist, der Tod hat nie genug und er wird auch vor mir oder Ihnen nicht haltmachen.

Die Medien malen es uns vor Augen, Zerstörung ist überall. Wir kämpfen verzweifelt gegen zerstörerische Menschen und Dinge an, aber trotzdem nimmt die Zerstörung auf und an dieser Welt kein Ende. Das Klima scheint völlig verrückt zu spielen, Länder und Kulturdenkmale werden einfach plattgemacht, Menschen werden getötet und zerbrochen, sowohl körperlich als auch emotional. Familien brechen auseinander, Kinder haben zerbrochene Herzen. Selbst in meinem kleinen idyllischen Städtchen, in dem die Welt noch in Ordnung zu sein scheint, wird eingebrochen, Zäune werden kaputtgetreten, Pflanzen rausgerissen, Schilder beschmiert und umgeknickt und vieles mehr. Zerstörung nimmt kein Ende, sie hat niemals genug.

Und damit vergleicht König Salomo unser Streben nach mehr. Ihren unstillbaren Durst nach mehr, meinen unersättlichen Hunger nach mehr. Dieser Durst und dieser Hunger begegnen uns überall. Mick Jagger von den Rolling Stones singt es schon seit Jahrzehnten: „I can't get no satisfaction." Egal, auf welcher Bühne der Welt er singt, alle singen mit und alle wissen genau, wovon er singt. Christina Stürmer landete einen großen Hit mit „Nie genug", und James Bond sagt es schon lange: „Die Welt ist nicht genug." Es ist tatsächlich wahr, die Welt, und alles was sie und wir als Menschen zu bieten haben, ist nicht genug, selbst wenn man alles hat.

Vor einigen Jahren war ich unterwegs auf einer Konferenz in einer größeren Stadt am Rande des Schwarzwalds. Dort lernte ich einen Kripo-Beamten näher kennen, der wirklich schon viel erlebt und gesehen hatte. Er war ein sehr aufgeschlossener und gesprächiger Mann und die Unterhaltungen mit ihm waren bereichernd. Eines Abends jedoch kam er und war ungewöhnlich still und nachdenklich. Als ich ihn darauf ansprach, entgegnete er, dass er an diesem Tag etwas erlebt hatte, was er noch nie zuvor in seiner langen Laufbahn erlebt hatte. Ein Jugendlicher hatte sich das Leben nehmen wollen, indem er eine Kette über die Hochspannungsleitung einer Bahntrasse warf. Dabei fiel er auf die Gleise und ein Zug fuhr ihm bei vollem Bewusstsein beide Beine ab. Ich war bestürzt, doch der Beamte meinte, dass er schon viele ähnliche Unfälle erlebt habe. Was ihn wirklich umtrieb, war die Reaktion der

Eltern darauf. Es waren sehr einflussreiche und wohlhabende Leute. Nachdem der Kriminalbeamte ihnen von dem Unfall erzählte, meinten sie bekümmert: „Wir verstehen überhaupt nicht, warum er uns das antut. Wir haben ihm doch immer alles gegeben, was er wollte!" Der Beamte war schockiert, dass den Eltern nicht klar war, dass Geld nicht alles ist. Doch das Leben und die grausame Realität machen es deutlich: Selbst wenn man alles hat, es ist trotzdem nie genug.

WOMIT VERSUCHEN SIE, IHREN DURST NACH MEHR ZU STILLEN? WOHIN HAT DIE SEHNSUCHT NACH ERFÜLLUNG SIE GEBRACHT?

Womit versuchen Sie, Ihren Durst nach mehr zu stillen? Wohin hat die Sehnsucht nach Erfüllung Sie gebracht? Mein Vater hat sein ganzes Leben als Psychologe und Suchtberater gearbeitet. Bei vielen Menschen führt die Sehnsucht nach mehr zur Sucht. Die Suche nach mehr, nach etwas, das den Durst nach Leben stillt, endet früher oder später in einer Sackgasse, denn diese Welt ist im wahrsten Sinn des Wortes nicht genug, um uns tiefe innere Erfüllung zu bieten.

Der Möglichmacher jedoch sagt: „Ich aber bin gekommen, um ihnen das Leben in ganzer Fülle zu schenken" (Die Bibel, Johannes 10,10).

Erfüllung als ein Geschenk des Möglichmachers – nicht etwas, das ich krampfhaft zu erlangen versuche, sondern ein unbeschreiblich geniales Angebot an jeden Menschen. Das klingt ziemlich verrückt. Und genau das dachte ich auch in den ersten zwanzig Jahren meines Lebens. Mein Durst nach mehr im Leben war damals unstillbar. Ich probierte beinahe alles aus, um diesen Durst zu stillen: Freundschaften, akademische Erfolge, sportliche Errungenschaften, Beziehungen, Materialismus, Alkohol. Ich tat viele Dinge, für die ich mich heute schäme und die auch große und vor allem schmerzhafte Konsequenzen hatten. So vieles probierte ich, aber anhaltende und tiefe Erfüllung fand ich nie. Alles noch so Vielversprechende endete in einer Sackgasse und zurück blieben Enttäuschung und die Frage: „War das wirklich schon alles?"

Je mehr ich ausprobierte, desto größer schien der Durst zu werden. Ich jagte dem Ziel, tiefe innere Erfüllung und Zufriedenheit zu erleben, unermüdlich nach, doch je extremer ich das tat, desto mehr schien sich dieses Ziel trotz aller Anstrengung zu entfernen. Eine sehr ernüchternde und ermüdende Angelegenheit. Jeder nächste Schritt, den ich in diese Richtung wagte, schien wie ein „Durstlöscher beim Bäcker" zu sein: vielversprechend. Man kauft ihn, probiert ihn und er schmeckt gut. Für eine Weile ist der Durst gelöscht. Doch dann kommt er wieder, noch intensiver und ausgeprägter als davor. Dann kauft man halt einen Durstlöscher mit anderer Farbe und anderem Geschmack, genauso durstlöschend wie der erste. Für eine Weile ist der Durst gestillt, doch dann kommt wieder dieser Durst nach mehr.

Ein Getränk, ganz egal wie groß es auch sein mag, löscht für eine Weile den Durst – aber eben nur für eine Weile. Kein Tetra Pak der Welt kann den Durst für immer stillen. Kein Mensch und kein Angebot dieser Welt können den Durst nach mehr in unserem Leben stillen. Erfüllung erfährt man für eine kurze Dauer oder eine lange Zeit, doch irgendwann ist sie aufgebraucht, denn die Augen des Menschen werden nie satt und Sie und ich haben nie genug.

Und dann spricht der Möglichmacher davon, dass er uns ein Leben in ganzer Fülle schenken will. Das macht irgendwie skeptisch: Ist er auch nur ein weiteres Angebot auf dem breiten Markt der Durstlöscher und Tetra Paks?

Nein, denn der Möglichmacher bezeichnet sich selbst als „die Quelle des Lebens". Eine Quelle ist etwas ganz anderes als ein durstlöschendes Getränk in einer Packung, einer Dose oder einer Flasche. Der Möglichmacher spricht diesen Unterschied einmal direkt gegenüber seinen Leuten an: „Mich, die Quelle des lebendigen Wassers, verlassen sie und graben sich stattdessen undichte Brunnen, die das Wasser nicht halten können" (Die Bibel, Jeremia 2,13).

Schon damals, vor etlichen Jahrtausenden, haben Menschen wie Sie und ich versucht, in sich selbst und in den Dingen, die sie graben, schaffen und erarbeiten, Erfüllung zu finden, anstatt einfach zur Quelle zu gehen und sich beschenken zu lassen mit frischem, endlos strömenden Wasser.

Was nichts kostet, taugt nichts, sagt der Volksmund. Allerdings haben wir viele Berichte von Menschen, die zur Quelle, zum Möglichmacher, zum Durstlöscher gegangen sind und sich beschenken ließen. Sie erzählen von unmöglich klingenden Erlebnissen: „Denn er versorgt die Durstigen und gibt den Hungrigen reichlich zu essen … Er verwandelt die Wüsten wieder zu einem wasserreichen See und dürres Land zu Wasserquellen" (Die Bibel, Psalm 107,9.35). An einer anderen Stelle wird berichtet: „Denn du bist die Quelle des Lebens" (Die Bibel, Psalm 36,10).

Vor Jahren habe ich eine Geschichte über einen behinderten Jungen gelesen, an die ich immer wieder denken muss, vor allem seit ich selbst Kinder habe.

Wiebke Topf erzählt:

„Unser Sohn Josia kam ohne Arme auf die Welt und hatte verkrümmte Beine. Durch mehrere Operationen und Hilfsmittel kann er laufen, aber seine beiden Beine sind steif. Eines Morgens kam mein damals vierjähriger Sohn zu mir und sagte, er habe von Jesus geträumt. Jesus sei ihm begegnet und habe mit ihm über seine Beine gesprochen. Ich fragte ihn ganz aufgeregt, was Jesus darauf geantwortet habe, in der Hoffnung, dass er sagen würde, Gott werde die Beine heilen oder

etwas in der Richtung. Aber Josia strahlte mich an und sagt: ‚Ich
habe Jesus alles erzählt und er hat gesagt, er sagt es Gott!'
Er schien sehr zufrieden mit diesem Gespräch zu sein.
Ich war es nicht. Ich hakte nach und fragte: ‚Na, und jetzt?'
Die Antwort meines Sohnes werde ich nicht vergessen:
‚Ja, er weiß es jetzt, das reicht!'"[6]

Unzählige Menschen haben diese Erfahrung gemacht. Der Möglichmacher ist der Durstlöscher. Er ist die Quelle des lebendigen Wassers, und wer an diese Quelle geht, wird beschenkt mit Fülle und Erfüllung, trotz unerfüllter Wünsche.

Ich kann das nur bestätigen. Seit ich mit dem Möglichmacher unterwegs bin, habe ich angefangen, eine Fülle zu erleben, die ich vorher nie gekannt hatte. Ich kann ehrlich zugeben, dass ich mich auch nicht immer „supererfüllt" fühle, aber im Vergleich zu allem anderen davor weiß ich, dass der Möglichmacher das ermöglicht, was dieser Welt und allem und jedem in ihr unmöglich ist: Er stillt meinen Durst nach Leben, denn er ist der Durstlöscher. Diese Fülle ist tatsächlich unabhängig von mir, meinen Umständen und dem, was ich leisten und bringen kann. Sie hängt allein von ihm ab.

Er, der Durstlöscher, lädt dazu ein, direkt zu ihm, zur Quelle zu kommen, um Leben im Überfluss geschenkt zu bekommen. Erfülltes Leben trotz unerfüllter Wünsche. Eine Fülle, die nichts und niemand sonst auf dieser Welt gewähren kann.

Die erfahrbare Realität dieser Fülle hängt davon ab, wie eng ich als Mensch an der Quelle bin und mich mit lebendigem Wasser füllen lasse. Das Angebot des Durstlöschers steht: „Ich aber bin gekommen, um ihnen das Leben in ganzer Fülle zu schenken" (Die Bibel, Johannes 10,10).

6. DER ZUFLUCHTSGEWÄHRER

„Wenn Sie die Möglichkeit hätten, in einer anderen Zeitepoche zu leben, wann und wo würden Sie leben?"

Diese Frage wurde uns als Team gestellt, um den Austausch untereinander anzuregen und die Möglichkeit zu schaffen, andere Mitarbeiter besser kennenzulernen. Auch wenn von einigen diese Frage und der Austausch darüber zu Beginn als reine Zeitverschwendung angesehen wurden, so entfaltete sich die Aktivität jedoch als äußerst interessant, amüsant und wertvoll.

Ich wusste sofort, wann und wo ich gern leben würde – im Mittelalter, zur Zeit der Ritter, auf einer uneinnehmbaren Burg. Ritter und Burgen haben mich schon immer fasziniert. Wir lebten und arbeiteten damals in der schönen Steiermark in Österreich, umgeben von Bergen. Jedes Mal, wenn wir nach Deutschland reisten, fuhren wir auf der Autobahn durch das enge Salzachtal Richtung Salzburg. Dabei kamen wir an der eindrucksvollsten Burg vorbei, die ich je gesehen habe: die Festung Hohenwerfen. Mitten im Tal steht die über 900 Jahre alte Burg auf einem steilen Felskegel hoch über der Salzach. Wer hier vor etlichen Hundert Jahren lebte, konnte nicht nur den kompletten Reiseverkehr von West nach Ost kontrollieren, sondern wohnte zudem noch in einer Festung, die als uneinnehmbar galt. Die Festung Hohenwerfen war ein sicherer Rückzugs- und Zufluchtsort für die damaligen Menschen bei jeglicher Art von Bedrohung.

Auch wenn Ritterburgen in unserer Zeit keine Zufluchtsorte mehr sind, so leben wir trotzdem in einer Zeit, in der Menschen Zufluchtsorte und persönliche Schutzräume suchen und brauchen – vielleicht mehr denn je in unserer medienüberfluteten Welt, in der man immer präsent ist. Schon im Jahr 2011 sprach der Psychologe Elias Aboujaoude in seinem Buch „Virtually You"[7] vom Ende der Privatsphäre durch den falschen Umgang mit Medien und von den Auswirkungen der fehlenden Privatsphäre auf das Leben des Einzelnen.

Ohne die Möglichkeit, sich zurückzuziehen, ohne Orte der Zuflucht und ohne die Chance, sich immer wieder abzugrenzen, gehen wir Menschen regelrecht vor die Hunde. Immer wieder wird der Schulalltag mit all seinen akademischen und zwischenmenschlichen Herausforderungen zum Albtraum, dann sehnt man sich nach einem „Zufluchtsort". Für manchen Schüler dient die Toilette dazu. Auch im Arbeitsumfeld herrscht oftmals eine eisige Atmosphäre und nur zu schnell wird man selbst zum Opfer in unserer Ellenbogengesellschaft. Wohin geht man dann, um sich rauszunehmen und zurückzuziehen? Für manchen wird dabei der Betriebsrat oder eine Vertrauensperson zur Zuflucht. Wer oder was dient Ihnen als Zufluchtsort?

Wenn mir nach einem langen und vollen Arbeitstag zu Hause alles zu bunt und zu laut wird, dann ist mein Zufluchtsort die Toilette. Dort geht man bekanntlich alleine hin, da kann ich einfach hinter mir abschließen und ein Stück Schokolade essen. Danach sieht die Welt dann wieder ganz anders aus. Meine Frau steckt sich dagegen die Ohrstöpsel in die Ohren und macht Pilates, wenn sie Ruhe braucht.

Auch bei den GetAwayDays erlebe ich das. Die Gemeinschaft, das Miteinander und die Erlebnisse mit den meisten Gruppen sind unbeschreiblich schön und bereichernd, aber jeder zieht sich auch mal zurück, um völlig allein zu sein.

Wenn die Jugendlichen dagegen nie einen Rückzugsort finden, werden sie regelrecht aggressiv.

Der Möglichmacher hat sich über die ganze Menschheitsgeschichte hin als der „Zufluchtsgewährer" bewiesen. Er ist die feste, beständige und uneinnehmbare Burg. Allein in der Bibel bezeugt eine Vielzahl von Menschen, wie sie über Jahrtausende hinweg den Möglichmacher als sicheren „Zufluchtsort" kennen- und schätzen gelernt haben. Wenn ich diese Erfahrungsberichte aus dem persönlichen Leben völlig unterschiedlicher Individuen lese, dann begeistert mich eine Sache ganz besonders: Der Möglichmacher ist keine verträumte Parallelwelt, um vor der Realität des Alltags zu fliehen, sondern der Ort, an dem Menschen zugerüstet werden, um der Realität des Alltags ins Auge zu schauen.

DER ZUFLUCHTSGEWÄHRER IST NICHT DIE WOLKE SIEBEN, AUF DER SICH ALLE IRDISCHEN PROBLEME IN LUFT AUFLÖSEN, SONDERN ER IST DER ORT, AN DEM MENSCHEN AUSGERÜSTET WERDEN, UM MIT ALL DEN IRDISCHEN PROBLEMEN UMGEHEN ZU KÖNNEN.

Der Zufluchtsgewährer ist nicht die Wolke sieben, auf der sich alle irdischen Probleme in Luft auflösen, sondern er ist der Ort, an dem Menschen ausgerüstet werden, um mit all den irdischen Problemen umgehen zu können. Menschen, die den Zufluchtsgewährer persönlich erlebt haben, erzählen, dass er eben nicht eine „Krücke" ist, mit deren Hilfe man halblebendig und irgendwie durch den Alltag humpelt. Nein, er ist ein Ort der Zuflucht, der Zuversicht und neue Perspektiven ermöglicht: neue Chancen, persönliche Veränderung oder Veränderung der Umstände, neue Kraft, um mutig vorwärtszugehen durch eine andere Sicht der Dinge.

Als kleines Kind lernte ich einmal einen Psalm, das ist ein Gedicht oder Gebet aus dem Buch des Möglichmachers, auswendig. Damals konnte ich mit dem ganzen „Zeug" nichts anfangen, es war regelrecht langweilig und erschien mir unsinnig. Heute kenne und erlebe ich die Realität des Beschriebenen und bin immer wieder neu fasziniert von der alltäglichen Wirklichkeit des Zufluchtsgewährers, den ein Autor der Bibel mit diesen Worten beschrieben hat:

Wer im Schutz des Höchsten lebt, der findet Ruhe im Schatten des Allmächtigen.
Der spricht zu dem Herrn: Du bist meine Zuflucht und meine Burg, mein Gott, dem ich vertraue.
Denn er wird dich vor allen Gefahren bewahren und dich in Todesnot beschützen.
Er wird dich mit seinen Flügeln bedecken, und du findest bei ihm Zuflucht.
Seine Treue schützt dich wie ein großes Schild.
Fürchte dich nicht vor den Angriffen in der Nacht und habe keine Angst vor den Gefahren des Tages ...
Wenn der Herr deine Zuflucht ist, wenn du beim Höchsten Schutz suchst,
dann wird das Böse dir nichts anhaben können,
und kein Unglück wird dein Haus erreichen.
Denn er befiehlt seinen Engeln, dich zu beschützen, wo immer du gehst.
...
Der Herr spricht: „Ich will den erretten, der mich liebt.
Ich will den beschützen, der auf meinen Namen vertraut.
Wenn er zu mir ruft, will ich antworten.
Ich will ihm in der Not beistehen und ihn retten und zu Ehren bringen.
Ich will ihm ein langes Leben schenken und ihn meine Hilfe erfahren lassen."
(Die Bibel, Psalm 91)

Gott meine Burg und meinen Zufluchtsort sein zu lassen ermöglicht es mir, die Welt so zu sehen, wie sie wirklich ist, und nicht, wie ich sie mir wünsche – und trotzdem darin zu leben. Der Möglichmacher steht über jedem Sturm und über jedem Feind. Er ist größer als jedes Problem in der Familie, am Arbeitsplatz oder in meinem weiteren Umfeld. Er verspricht uns nicht ein Leben ohne Probleme, sondern Beistand in Not, Schutz vor Bedrängnis und Gefahr, Hilfe für jeden, der ihn seinen Zufluchtsort sein lässt. Er gewährt Zuflucht in allen Situationen, überall auf der Welt und jedem Menschen, der ihn darum bittet – auch Ihnen.

Es gibt eine Person, die schon immer ein Bestandteil meines Lebens war: als Babysitterin, als „Tante", als ältere Freundin und Unterstützerin, vor allem aber als diejenige, die es vor vielen Jahren in die Wege geleitet hat, dass ich an den Ort „geflüchtet" bin, an dem ich den Möglichmacher persönlich kennengelernt habe. Diese Person hat schon sehr viel durchgemacht und miterlebt. Sie könnte wahrscheinlich selbst ein Buch darüber schreiben, wie sie Gott als Zufluchtsgewährer erfahren hat. Hier sind ein paar Einblicke aus ihrem Leben:

Vor vielen Jahren lernte ich in einer internationalen Gruppe ein Lied auf Englisch auswendig, das mir nicht nur wegen der schönen Melodie, sondern vor allem wegen des Textes immer wieder als Ohrwurm in äußerst kritischen Situationen meines Lebens in den Sinn kommt. Es basiert auf Worten des Möglichmachers (Psalmen 32,7; 56,3 und 2. Korinther 12,9-10). Der junge Amerikaner Michael Ledner komponierte es in einer schwierigen Lebensphase.

You are my hiding place

Du bist mein Zufluchtsort

You are my hiding place.	Du bist mein Zufluchtsort.
You always fill my heart	Ich berge mich in Deiner
with songs of deliverance,	Hand,
whenever I am afraid.	denn Du schützt mich, Herr,
I will trust in You,	Wann immer mich Angst
I will trust in You.	befällt,
Let the weak say I am	traue ich auf Dich.
strong	Ja, ich trau auf Dich
in the strength of the Lord.	und ich sage: „Ich bin stark
	in der Kraft meines Herrn."[8]

Dieses „Du" adressiert den Möglichmacher. Er befähigt mich, selbst dann ein Lied zu singen, wenn die Ausgangssituation unbekannt und äußerst beängstigend ist. Ich rufe mir selbst in meiner Schwäche zu, dass ich stark sein kann in seiner Kraft.

Lebensbedrohliche, extreme physische und psychische Schwächen habe ich des Öfteren in meinem Leben durchlebt. Zum Beispiel bei meiner Krebsdiagnose oder als ich Jahre später plötzlich auf einer Intensivstation wieder aufwachte, ohne zu wissen, was passiert war. Ich habe bis heute keine eigene Erinnerung daran, wie es zu der doppelten Frontal-Kollision kam, die mich ins Krankenhaus brachte, auch wenn mir später der Unfallhergang erzählt wurde. Diese beiden unerwarteten Einschnitte in meinem Leben brauchten einen längeren Prozess der Wiederherstellung, Genesung und Verarbeitung. Zum Zeitpunkt meiner Krebsbehandlung, die drei Operationen in einem Jahr mit sich brachte, war ich noch aktive Operationsschwester. Als ich nach dem Unfall mit mehreren Verletzungen wieder aufwachte, war ich spezialisiert in genau den Knochenbrüchen, die ich nun selbst hatte. Ich werde nie vergessen, wie es sich anfühlt, allein auf einem OP-Tisch zu liegen, auf die Narkose mit allem Drum und Dran zu warten, nicht zu wissen, wie der Ausgang sein wird. Würden die Ärzte alles richtig machen? Doch dann fragte ich mich: War ich wirklich allein? Nein, denn Gott war mit mir! Mir konnte nichts passieren, was er nicht unter seiner Kontrolle hatte. Jedes Mal, wenn ich auf dem OP-Tisch lag – und es waren mindestens sieben Operationen – praktizierte ich dasselbe: Ich betete, flehte innerlich, redete mit diesem „Du", meinem Vater im Himmel, der meine Zuflucht ist, der in allen Situationen vorher meine Zuflucht war, der mich leben und noch nicht sterben ließ, dem ich mich anvertrauen konnte, was immer während der Operation geschehen würde. Ich checkte den Pulsschlag und Blutdruck auf dem Monitor und konnte objektiv beurteilen, dass ich eine tiefe innere Geborgenheit erfuhr. Beide Parameter waren normal. Der Zufluchtsgewährer ist real. Je krasser die Ausgangssituation ist und je konkreter ich mit ihm rechne, desto wunderbarer erlebe ich ihn.

Es mag fremd für manche Ohren klingen, wenn ich heute sage, dass ich dankbar bin für die Herausforderungen mit der Krebserkrankung und dem Unfall. In allen trüben Tagen, nicht nur auf dem OP-Tisch, habe ich Zuflucht gesucht bei diesem „Du" und sie immer gefunden. Es gibt kein Alleinsein, auch nicht in der physischen Bewusstlosigkeit, wenn man einen Unfall hatte. Der Möglichmacher ist sich selbst und dem, was er sagt, immer treu. Er will meine Zuflucht sein, wenn ich dies im Vertrauen auf ihn zulasse.

Ich erlebe das nicht nur in den gerade beschriebenen Extremsituationen, sondern auch im ganz normalen Alltag. Viele Jahre habe ich als Operationsschwester mit großem Enthusiasmus in deutschen Operationssälen gearbeitet. Manchmal hatte ich das Vergnügen, mit sehr kompetenten, teils auch cholerischen Chirurgen zusammenzuarbeiten, die immer wieder eine große Herausforderung auf der zwischenmenschlichen Ebene für mich darstellten. Bis zur Rente wollte ich allerdings nicht am gleichen Arbeitsplatz bleiben. Da ich gut Englisch kann, tat sich eine internationale Schulungsarbeit mit Wohnsitz im Ausland auf. Nach einer formalen Bewerbung wurde ich gebeten, diese Position zu übernehmen. *Diese Stelle wurde zur Herausforderung meines Lebens über dreizehn Jahre hinweg.*

Vorher hatte ich beinahe fünf Jahrzehnte lang die persönliche und regelmäßige Wertschätzung zuerst in der Familie und der Gemeinde, später auch im Beruf erlebt. Das war ganz normal für mich. Nun traten über Jahre wechselnde Leiter in meiner neuen Arbeitssituation auf, von denen ich mich immer wieder infrage gestellt sah. Bis heute frage ich mich, ob sie jemals aufrichtiges Interesse an meiner internationalen Aufbauarbeit hatten. Sie trafen wichtige Entscheidungen, ohne es mit mir und dem Team vorher zu besprechen.

Meine Tätigkeit erforderte viele Auslandseinsätze, in denen ich immer wieder total aufblühte, die Missstände daheim vergaß, und Wertschätzung erlebte, wie in den „guten alten Zeiten". Doch das Hin und Her mit den Reisen, die wechselnden Leiter, die ständig neuen Strategiebesprechungen, deren Ergebnis ich oft infrage stellte, waren energieraubend und entwickelten sich für mich zu einem regelrechten Dilemma. Ängste und Schlafstörungen wurden immer häufiger. Obwohl ich über Jahre versuchte, Tag und Nacht meine Anliegen vor dem Möglichmacher auszubreiten und bei ihm Zuflucht zu suchen, fand ich keine Ruhe.

Teilweise suchte ich morgens eine oder zwei Stunden Zuflucht beim Möglichmacher, redete mit ihm und las seine Worte an mich in der Bibel, um inneres Gleichgewicht zu finden, denn die Angst vor dem jeweiligen Chef war mein ständiger Begleiter geworden. Oft bekam ich erst dann Frieden, wenn ich tief durchatmend das Büro betrat. Immer wieder fragte ich meinen Zufluchtsgewährer, wie lange diese Situation wohl noch andauern würde.

Die Wende kam völlig unerwartet und anders. Meine Position wurde eliminiert – als Konsequenz einer neuen Strategie, wie man mir erklärte. Nach fast zwei Jahren Neuorientierung kann ich heute freudig sagen: Ich habe Gott als Zufluchtsgewährer erlebt! In sämtlichen Fragen bezüglich Traumaverarbeitung, Wohnort, Finanzen und beruflichen Veränderungen hat er mir geholfen. Ich habe immer noch mit dem Mann zu tun, der die Jobeliminierung veranlasst hat, und ich kann nur staunen, wie der Möglichmacher mir immer wieder hilft, mit ihm auf einer ganz anderen Ebene zusammenzuarbeiten und sogar für ihn zu danken.

In fröhlichen Tagen vergesse ich Gott manchmal und kann nicht die Tiefe dieser Gemeinschaft mit ihm erfahren, weil ich sie in der zwischenmenschlichen Nähe oder anderen Dingen suche und mir das genügt. In Extremsituationen ist mein Fokus, mein Schrei, mein Aufblick zu Gott viel direkter und konkreter als in alltäglichen Situationen, deshalb sind sie am Ende ein großer Gewinn. Er ist in der Tat mein Zufluchtsgewährer – immer und überall.

Der Möglichmacher ist der Zufluchtsort, der nicht abhängig ist von irgendwelchen Umständen auf dieser Welt. Die Realität des Zufluchtsgewährers ist nur einen Vertrauensschritt von Ihnen entfernt, denn er selbst spricht Ihnen zu: „Ich bin da, um dein Zufluchtsort zu sein, deine feste Burg, der Fels der unerschütterlich ist, und die Festung, die jedem und allem Widerstand standhält – sowohl im Leben als auch im Sterben."

7. DER FRIEDENSSPENDER

Vor vielen Jahren sagte Willy Brandt, der vierte Bundeskanzler der Bundesrepublik Deutschland: „Frieden ist nicht alles, aber ohne Frieden ist alles nichts."

Frieden, ein niemals endendes Thema. Frieden, einer der tiefsten inneren Wünsche der meisten Menschen und trotzdem etwas, das irgendwie nicht so richtig werden will, obwohl sich so viele darum bemühen.

Wie viele „kämpfen" für den Frieden? Das scheint ja schon ein Widerspruch in sich zu sein, denn wo Kampf ist, kann kein Frieden sein. Kann Frieden also „erkämpft" werden? Ich würde sagen: ja und nein.

Nein, das sehen wir im Nahen und Fernen Osten. Krieg so weit das Auge reicht. Zwei Parteien bekriegen sich aufs Äußerste. Die Zivilbevölkerung leidet am meisten darunter. Eine weitere Partei „bekämpft den Krieg", aber das Resultat ist nicht Frieden, sondern noch mehr Krieg. Weitere Komplikationen durch noch mehr Beteiligte, alles wird für die Menschen im Westen, die die Nachrichten verfolgen, immer undurchsichtiger und verworrener. Krieg zu bekämpfen bringt also nicht unbedingt Frieden, aber sollte Krieg deswegen nicht bekämpft werden? Zumindest wird so ein klares Zeichen gegen die Auseinandersetzungen, die Gewalt und die Habgier gesetzt.

Tatsache ist, dass die Menschen aus diesen Gebieten fliehen, um dem Terror zu entgehen. Wohin? Hierher zu uns, in der Hoffnung auf Frieden. In meinem Buch „Hauptsache weg – Flüchtlinge erzählen"[9] beschreiben Menschen diese Erwartungen. Endlich Frieden! Aber stimmt das wirklich? Es ist anders hier als zum Beispiel in Syrien, Afghanistan und dem Irak. Komplett anders. Ich bin unglaublich dankbar dafür, dass ich mit meiner Familie in einem Land leben darf, in dem kein Krieg herrscht. Wir leben nicht ständig in der Angst, getötet zu werden. Zu essen haben wir mehr als genug und die meisten Leute um uns herum tolerieren, wie wir leben. Aber es herrscht kein echter Frieden. Auch hier bekriegen sich die Menschen, wenn auch auf eine andere Art und Weise, die wiederum ganz andere Wunden und anderes Elend verursacht. Es gibt das Ellenbogengerangel auf der Karriereleiter, das Mobbing am Arbeitsplatz, an Universitäten und Schulen, rechtsradikale Gewalt, Gewalt in Familien und auf der medialen Ebene wird ebenfalls viel ausgeteilt und eingesteckt.

Kürzlich kam mein Sohn nach Hause und erzählte von einem Streit in der Schule. Ein paar Raufbolde hatten sich in die Haare bekommen und andere hatten versucht, den Streit zu schlichten, um wieder „Frieden" herzustellen. Während des Gerangels kam die Mutter von einem der Jungs hinzu und sagte zu einem Drittklässler: „Hey Brillenschlange, lass bloß meinen Sohn in Ruhe!" Friede, Freude, Eierkuchen. So leicht gesagt, aber so schwer umzusetzen, wenn selbst die Erwachsenen keine friedvollen Worte finden.

Um es auf den Punkt zu bringen: Frieden ist eine Harmonie, die erreicht wird durch die Abwesenheit von Krieg *und* Konflikten. Es ist ein nobles Anliegen, sich dafür einzusetzen, dass es weniger Kriege auf dieser Welt gibt. Aber solange es äußere und innere Konflikte gibt, wird es nie echten Frieden geben.

Wenn man in einem Kriegsgebiet lebt, wünscht man sich

nichts sehnlicher, als in ein Land zu fliehen, das sicher ist, ein Land ohne Krieg, Gewalt und Zerstörung. Viele Menschen schaffen es nicht, vor dem äußeren Terror und den Konflikten rechtzeitig davonzulaufen, andere können sich in sichere Länder retten. Die inneren Konflikte wird man dagegen nie ganz los. Die trägt man im wahrsten Sinn des Wortes mit sich herum. Auch wenn es äußerlich friedlich aussieht, kann es innerlich sehr turbulent zugehen. Oft trügt der Schein. Nicht alles, was glänzt, ist Gold.

Ich kenne das nur zu gut aus meinem Alltag. Ich arbeite mit vielen hochmotivierten Leuten zusammen. Unser Miteinander und der Umgang untereinander sind meistens sehr friedfertig, und doch gibt es Tage, an denen es innerlich sehr turbulent zugeht in mir, und das hat früher oder später auch Auswirkungen auf das Miteinander. Das merke ich auch immer wieder in unserer Familie. Ich bin ein absoluter Fan von Familie und ich bin überzeugt davon, dass eine gesunde und intakte Familie die stärkste Zelle einer Gesellschaft ist. Meistens geht es bei uns gesittet zu, wenn auch sehr dynamisch – was völlig normal ist bei einer internationalen Ehe und fünf sehr lebendigen Kindern. Aber selbst in den besten Familien gibt es Momente, in denen man sich am liebsten gegenseitig in der Luft zerreißen würde.

Erst neulich kam ich von einer sehr anstrengenden Fortbildung nach Hause. Ich war die letzten Tage mehr oder weniger rund um die Uhr mit Menschen zusammen gewesen und freute mich extrem auf die eigenen vier Wände und meine geliebte Frau und die Kinder. Auf der Fahrt nach Hause nahm ich noch eine der Kursteilnehmerinnen mit, aber für die letzte Stunde Autofahrt war ich ganz allein. Ich genoss die Ruhe und den Frieden um mich herum – bis ich durch unsere Haustüre trat.

Es war ein trüber und regnerischer Tag gewesen und meine

Frau hatte den ganzen Tag mit unseren Kindern verbracht. Da unser vierter Sohn am nächsten Tag Geburtstag feierte, hatte sie krampfhaft versucht, „nebenher" zu backen – ohne Erfolg. Da die Kinder aufgrund des Wetters nicht viel draußen gewesen waren, herrschte reges Treiben, meine Frau war müde und genervt. Während die Kinder wild durchs Haus rannten, warf mir meine Frau völlig frustriert entgegen: „Ich brauche jetzt meine Ruhe, damit ich etwas geschafft bekomme!"

Da stand ich nun, müde, ungeduscht und um mich herum tobte das Chaos. Ich war genervt vom Verhalten meiner Frau, war genervt über mich selbst, dass ich ihr gegenüber genervt war, anstatt ihr wohlwollend etwas Ruhe zu gönnen. Und das Gestreite der Kids brachte mich beinahe um den Verstand. Ruckzuck waren sie weg, der innere Frieden und die Ruhe, stattdessen regierten Unfrieden und Unzufriedenheit in mir. Ein innerer Zustand, der sich nach außen deutlich zeigte. Fehlender innerer Frieden sorgt für Unzufriedenheit.

Immer mehr wird mir bewusst: Wenn es Frieden tatsächlich nur dort gibt, wo alles konfliktlos, reibungslos und geordnet abläuft, dann ist er selten erfahrbar. Wenn das Erleben von Frieden abhängt von mir, meinen Mitmenschen und meinen Umständen, dann gibt es mehr als genug Gründe dafür, dass wir diesen Frieden selten erleben. Dies zeigt auch die folgende kurze Geschichte, deren Verfasser leider unbekannt ist:

„Es war einmal ein König, der schrieb einen Preis im ganzen Land aus: Er lud alle Künstlerinnen und Künstler dazu ein, den Frieden zu malen, und das beste Bild sollte eine hohe Belohnung bekommen.
Alle Malerinnen und Maler im Land machten sich eifrig an die Arbeit und brachten dem König ihre Bilder. Von allen Bildern, die gemalt wurden, gefielen dem König zwei am besten. Zwischen denen musste er sich nun entscheiden.
Das erste war ein perfektes Abbild eines ruhigen Sees. Im See spiegelten

sich die malerischen Berge, die den See umrandeten, und man konnte jede kleine Wolke im Wasser wiederfinden. Jeder, der das Bild sah, dachte sofort an den Frieden.

Das zweite Bild war ganz anders. Auch hier waren Berge zu sehen, aber diese waren zerklüftet, rau und kahl. Am düsteren grauen Himmel über den Bergen jagten sich wütende Wolkenberge und man konnte den Regen fallen sehen, den Blitz aufzucken und auch fast schon den Donner krachen hören. An einem der Berge stürzte ein tosender Wasserfall in die Tiefe, der Bäume, Geröll und kleine Tiere mit sich riss. Keiner, der dieses Bild sah, verstand, wieso es hier um Frieden gehen sollte.

Doch der König sah hinter dem Wasserfall einen winzigen Busch, der auf der zerklüfteten Felswand wuchs. In diesem kleinen Busch hatte ein Vogel sein Nest gebaut. Dort in dem wütenden Unwetter an diesem unwirtlichen Ort saß der Muttervogel auf seinem Nest – in perfektem Frieden.

Welches Bild gewann den Preis?

Der König wählte das zweite Bild und begründete das so: „Lasst euch nicht von schönen Bildern in die Irre führen: Frieden braucht es nicht dort, wo es keine Probleme und keine Kämpfe gibt. Wirklicher Frieden bringt Hoffnung und heißt vor allem, auch unter schwierigsten Umständen und größten Herausforderungen, ruhig und friedlich im eigenen Herzen zu bleiben."

Frieden im stürmischen Unwetter – das ist es, was ich brauche und was ich mir wünsche! Der Traum vom perfekten, friedlichen Leben, in dem alles so läuft, wie ich es mir vorstelle, und in dem sich jeder perfekt verhält, ist nicht der reale Alltag. Das merke ich spätestens dann, wenn ich mein eigenes Leben ehrlich unter die Lupe nehme und mir eingestehe: „Ich bin weit davon entfernt, perfekt zu sein und perfekt und in Frieden zu leben." Diese Erkenntnis ist ernüchternd, aber sie ist auch unglaublich befreiend. Denn wenn ich mir dies eingestehe, kann ich anfangen, echt zu sein, anstatt vorzugeben, jemand zu sein, der ich doch nicht bin.

Weltfrieden – das ist der große Wunsch der Menschheit. Der Möglichmacher redet viel von Frieden. Hunderte Male kommt dieses Wort in der Bibel vor. Allerdings geht es dem Möglichmacher meistens nicht um den Frieden hier auf der Erde. Ganz im Gegenteil, der Möglichmacher spricht sehr ehrlich über die Alltagsrealität auf unserem Planeten: Krieg, Chaos, Leid, Elend, Selbstsucht, Egoismus, Ungerechtigkeit, Undankbarkeit, Unfreundlichkeit. Auch die Nachrichten malen uns diese Realität beständig vor Augen.

Von welchem Frieden redet der Möglichmacher aber dann, wenn es nicht um den Frieden hier in dieser Welt geht? Er spricht von einem Frieden, den nur er allein schenken kann. Ein Frieden, den man zwar nicht verstehen, aber trotzdem persönlich erleben kann. Ein Frieden, den nur einer möglich machen kann: der Friedensspender. Es ist ein tiefer innerer Frieden, der eben nicht von mir, meinen Mitmenschen und meinen Umständen abhängt. Es ist sein Frieden, den er für Sie und mich bereithält.

Frieden erleben, wenn alles so läuft, wie man es sich wünscht, ist eine Sache – und selbst dabei wundern wir uns oft, warum wir in den „perfekten Momenten" des Lebens so wenig tiefen inneren Frieden erleben. Frieden erleben, wenn alles anders kommt als erwünscht, ist ein Wunder. Etwas Übernatürliches. Man kann versuchen, es in Worte zu fassen, aber es ist unbeschreiblich.

Diesen Frieden bringt der Möglichmacher. „Er hat deinem Volk Frieden geschenkt und dich mit bestem Weizen gesättigt" (Die Bibel, Psalm 147,14). Er kann und will Frieden schaffen im Leben des Einzelnen, denn Friedensspender auf dieser Welt wird nur einer sein, der auch inneren Frieden genießt. Der Sohn des Möglichmachers, Jesus, wird sogar „Friedensfürst", also „Fürst des Friedens" genannt (Die Bibel, Jesaja 9,5). Der Möglichmacher spricht auch von den Gedanken, die er für Sie und mich hat: „Gedanken des Friedens und nicht zum Unheil, um euch Zukunft und Hoffnung zu gewähren" (Die Bibel, Elberfelder, Jeremia 29,11). So unglaublich dies klingen mag, es gibt tatsächlich einen, der nur Gedanken des Friedens für jeden Menschen auf dieser Welt hat – kein Leid, kein Neid, keine Eifersucht, kein Eigennutz. Gedanken des Friedens für Sie und Ihr Leben.

Jesus, der Sohn des Möglichmachers, sagt im zweiten Teil der Bibel, dem Neuen Testament: „Ich lasse euch ein Geschenk zurück – meinen Frieden. Und der Friede, den ich schenke, ist nicht wie der Friede, den die Welt gibt" (Johannes 14,27). Die Welt, in der wir leben, kann nur einen Frieden anbieten, der von äußeren Umständen abhängig ist. Der Friedensspender will jedem Menschen einen Frieden schenken, der unseren Verstand übersteigt, weil er allein von ihm und seinen Möglichkeiten abhängt. Einen Frieden, der ganz anders ist, als alles, was wir hier in unserer Begrenztheit versuchen, möglich zu machen.

Das klingt seltsam, ist aber total real und erfahrbar. Sein Frieden ist dort, wo er ist. Wenn ich als Mensch in seiner Nähe bin, werde ich seinen Frieden erleben. Je näher ich an ihm dran bin, desto intensiver ist dieser Frieden.

Vielleicht kennen Sie auch Tage, an denen einfach alles schiefläuft. Für mich war der Nikolaustag 2016 so ein Tag. Die Nacht davor war anstrengend gewesen, da die Kinder schlecht geschlafen hatten, vor allem unser Jüngster, der eine Erkältung und starken Reizhusten hatte. Während ich morgens um sechs das Frühstück richtete, kam er in die Küche und wollte seine Flasche. Ich setzte ihn in seinen Hochstuhl an den Esstisch und räumte dann die Spülmaschine aus. Da musste unser Junior husten und aufgrund des Schleims in seinem Hals übergab er sich – dreihundert Milliliter warme

Milch über den Frühstückstisch, seine Kleidung und den Fußboden verteilt. Ein perfekter Tagesanfang!

Als ich endlich im Büro saß, um an diesem Buch weiterzuschreiben, war ich sichtlich erleichtert und freute mich regelrecht darauf. Doch irgendwie ging nichts vorwärts. Ich dachte nach, schrieb und löschte wieder – und das den ganzen Tag lang. Effektiv hatte ich nichts erreicht, eine Tatsache, mit der sich ein echter Hohenloher sehr schwertut.

Abends wollte ich unserem Jüngsten gerade die Zähne putzen, da erbrach er sich wieder, dieses Mal im Bad. Nachdem ich ihn gewaschen und umgezogen hatte, startete ich einen zweiten Versuch – mit dem Erfolg, dass er ein zweites Mal erbrach. Wieder war alles voll. Ich war kurz vor dem Ausflippen. Dann übernahm meine Frau die Situation, da ich mit meinem besten Freund zum Training gehen wollte. „Endlich mal austoben und Zeit für mich allein", dachte ich noch, als ich aus der Haustür stürmte. Doch auch da kam alles ganz anders als erwartet. Ein Jugendlicher verletzte sich und wir brachten ihn ins Krankenhaus.

Als mein Freund und ich nach dem Training in einem Fastfood-Restaurant saßen, war es schon ziemlich spät und ich dachte nur: „Hoffentlich kann ich heute Nacht besser schlafen!" Doch kaum war ich zu Hause im Bett und eingeschlafen, da hörte ich eines der Kinder auf die Toilette rennen und dann nach uns rufen. Weil meine Frau total platt war, stand ich auf und schaute nach.

Da saß unser dritter Sohn und hatte die komplette Toilette vollgebrochen. Ich war den Tränen nahe. Meine Frau kam dazu, um mir zu helfen. Eine halbe Stunde später hatten wir ihn gewaschen, ins Bett gebracht, das Bad geputzt, das ganze Zeug in die Waschmaschine gesteckt und lagen selbst wieder im Bett. Doch nach zwei Stunden Schlaf wachte ich durch ein lautes Husten und Würgen erneut auf, rannte die Treppe hoch und stand vor unserem anderen Sohn, der sich gerade in seinem Bett übergegeben hatte, volle Ladung. Für einen Moment war ich völlig fassungslos. Dann wusch ich ihn unter innerem Schimpfen und Fluchen, zog sein Bett ab, putzte alles, bezog alles frisch und unser Sohn schlief sofort wieder ein. Als ich die verdreckte Bettwäsche zur Waschmaschine trug, setzte ich mich für einen Moment auf die Treppe und konnte meine Gefühle einfach nicht mehr für mich behalten.

Wer Angehörige pflegt oder Eltern von schwerstbehinderten Kindern haben vielleicht häufiger mit solchen Situationen zu tun und können gar nicht verstehen, dass mich das so fertig machte. Aber für mich war es in diesem Moment einfach zu viel. Da saß ich nun, fix und fertig, wie ein Häufchen Elend und völlig außer mir. Als ich für einen Moment innehielt mit dem Schimpfen und Klagen, schossen mir Worte des Möglichmachers durch den Kopf: „Sorgt euch um nichts, sondern betet um alles. Sagt *dem Möglichmacher*, was ihr braucht, und dankt ihm. Ihr werdet *seinen* Frieden erfahren, der größer ist, als unser menschlicher Verstand es je begreifen kann" (nach der Bibel, Philipper 4,6-7).

Für einen Moment dachte ich: „Vergiss es! Beten bringt mir gerade überhaupt nichts, dem Möglichmacher für die letzten vierundzwanzig Stunden zu danken, ergibt auch keinen Sinn, und Frieden, innerer Frieden in dieser Situation ist völlig absurd!" Doch kaum hatte ich diesen Gedanken gefasst, kamen mir unzählige Ereignisse in den Sinn, in denen es auch chaotisch und turbulent zugegangen war, in denen ich mit dem Möglichmacher darüber geredet und ihm gedankt hatte und diesen von ihm versprochenen Frieden erlebt hatte. Also fing ich widerwillig an, mit ihm zu reden. Ungefähr das ist dabei rausgekommen: „Möglichmacher, ich finde die komplette Situation gerade im wahrsten Sinne des Wortes zum Kotzen! Ich kann nicht mehr und ich habe die Schnauze wirklich gestrichen voll, aber ich werfe dir das jetzt alles vor die Füße. Danke, dass ich das tun darf, auch wenn es mir schwerfällt."

Das war schon alles. Da saß ich nun, mit vollgekotzten Klamotten und Bettbezügen in der Hand. Der Gestank war so erbärmlich, dass ich selbst schon anfing zu würgen. Ich war genauso müde und fertig wie vorher, aber auf einmal durchflutete mich ein tiefer innerer Frieden. Ein Frieden, den ich nicht erklären kann, weil er meinen Verstand übersteigt, der aber alles in mir veränderte, obwohl sich meine Umstände überhaupt nicht verändert hatten.

Mit diesem überwältigenden, total realen Frieden in mir ging ich zuerst zur Waschmaschine und danach ins Bett. Für etliche Minuten konnte ich trotz aller Müdigkeit nicht einschlafen, weil dieser Frieden, der Frieden des Möglichmachers, mich mal wieder völlig überrascht hatte und mich begeisterte. Danach kann ich mich an nichts mehr erinnern, außer an den nächsten Morgen, an dem dieser tiefe Frieden immer noch da war. Was für eine Erfahrung. Und das war nur eine von unzähligen!

Der Friedenspender hat genug Frieden für jeden, denn er ist „der Fürst des Friedens". Es ist ein Frieden, der unerklärlich ist, aber trotzdem völlige Realität. Sein Frieden ist dort zu finden, wo ein Mensch sich ihm nähert. Frieden in seiner Gegenwart gibt es unbegrenzt. Die Frage ist nur: Lassen Sie den Friedensspender an sich heran, um sich beschenken zu lassen? Sein Frieden ist ein Geschenk, das er niemandem aufzwingen wird. Dafür ist er viel zu kostbar.

FRIEDEN IST NICHT ALLES IM LEBEN, ABER OHNE DEN TIEFEN INNEREN FRIEDEN DES MÖGLICHMACHERS IST ALLES ANDERE NICHTS.

Frieden ist nicht alles im Leben, aber ohne den tiefen inneren Frieden des Möglichmachers ist alles andere nichts.

8. DER HORIZONTERWEITERER

Vor einer Weile lernten wir eine Familie kennen, die frisch in unsere Siedlung gezogen war. Nach einem ersten „vorsichtig Abtasten" verstanden wir uns recht gut und entschieden uns, sie mal einzuladen, um sie besser kennenzulernen. Wie immer war es für uns Männer am einfachsten, über unseren Beruf zu reden. Unser Nachbar war sehr interessiert an der Arbeit der „GetAwayDays", unseren Erfahrungen mit Jugendlichen und Firmen und er ließ mir zu Beginn keinen Raum, ihn selbst „auszufragen". Als ich dann zum Zug kam, stellte sich heraus, dass er der neue Geschäftsführer eines großen Unternehmens in unserer Gegend ist. Er erzählte von der Notwendigkeit, das Unternehmen umzukrempeln, um es wettbewerbsfähiger zu machen. Da er kein Hohenloher ist, fragte ich ihn, wie er denn als „Ausländer" so ankäme bei den vielen Alteingesessenen. Seine Antwort überraschte mich nicht. Er schilderte die herausfordernde Situation, da viele langjährige Mitarbeiter den knallharten Standpunkt vertraten: „Das haben wir immer so gemacht, und nur weil Sie jetzt da sind, werden wir das nicht ändern!" Er fasste es damals ganz nett zusammen mit dem Wort „engstirnig".

Über Generationen haben wir hier hart gearbeitet und viele Firmen aus der Hohenloher Ebene und dem Kochertal sind in ihrer Branche zu Weltmarktführern geworden. Die harte Arbeit und Bodenständigkeit hat sich in vielem bezahlt gemacht.

Ich selbst wollte nie woanders wohnen als Jugendlicher, weil ich immer davon überzeugt war: Hier ist es am besten! Zu dieser Zeit hätte mich der Begriff „engstirnig" persönlich sehr angegriffen, und ich hätte augenblicklich versucht, uns zu verteidigen. Ich war stolz auf meine Heimat. Woanders hingehen zu müssen, hätte ich als Verlust angesehen.

Doch in meinem Fall kam der Tag, an dem ich mal weg „musste". Aufgrund vieler falscher Entscheidungen im Jugendalter war es für mich damals notwendig, einfach mal „das (Hohenloher) Land" zu verlassen. Ich verbrachte ein paar Wochen in Österreich, um mich „selbst zu finden". Das, was ich dort erlebte, veränderte alles in meinem Leben, denn ich hatte eine persönliche Begegnung mit dem Möglichmacher. Hätte mir das zuvor jemand als Möglichkeit aufgezeigt, hätte ich es nicht geglaubt. Diese Begegnung hat meinen Horizont in allen Bereichen meines Lebens erweitert. Zum ersten Mal wurde mir bewusst, dass sich die Welt nicht um mich dreht, sondern ich ein Teil dieser Welt bin, wie jeder andere Mensch auch. Aus einem Leben, in dem es ständig nur um mich ging, dass ich der Beste bin und es an die Spitze schaffe, hat der Möglichmacher das Leben geschenkt, das ich heute leben darf. Unter anderem konnte ich das erste Mal erkennen und erleben, dass es mehr gibt als das, was ich mit meinen Augen sehe.

Eine weitere Konsequenz davon war, dass ich in anderen Ländern lebte und mich zum ersten Mal mit Unvoreingenommenheit auf andere Menschen und Kulturen einlassen konnte. Seitdem habe ich viel gesehen und unzählige Menschen erlebt. Ich hielt es damals für unmöglich, dass ich jemals wieder ins Hohenloher Land zurückziehen würde, doch seit 2014 wohnen wir wieder hier, unter „meinen" Leuten. Meine Frau hat sich relativ schnell wohlgefühlt. Da sie sehr extrovertiert ist und ein typisch amerikanisches Selbstbewusstsein hat, hatte sie nie eine Scheu davor, auf Menschen zuzugehen. Deswegen ist sie hier schon voll integriert, und sowohl Jung als auch Alt empfinden ihre Andersartigkeit meistens als sehr erfrischend.

Für mich war das Nach-Hause-Kommen dagegen ein Kulturschock. Nach wie vor schätze und bewundere ich die Menschen hier sehr. Auch jetzt noch identifiziere ich mich mit der Region und den Leuten und merke, wie ich in vielen Dingen gleich ticke. Ich bin sehr dankbar dafür, dass unsere Kinder das Vorrecht genießen, in diesem Teil der Welt aufwachsen zu dürfen. Doch eine Sache hatte sich für mich komplett verändert: Während die meisten Menschen hier nie weg gewesen sind, habe ich für beinahe vierzehn Jahre in anderen Ländern und Kulturen gelebt. Als ich dann die ersten alten Freunde wiedertraf, unseren ältesten Sohn in die Schule brachte, in die ich damals auch gegangen war, und viele Begegnungen mit richtigen Hohenlohern hatte, da musste ich ständig an das Sprichwort denken: „Was der Bauer nicht kennt, das frisst er nicht." Immer wieder ertappte ich mich in Gesprächen über die verschiedensten Themen bei dem Gedanken: „Der Horizont ist so viel weiter."

Horizonterweiterer – was geht Ihnen durch den Kopf, wenn Sie dieses Wort hören? Ist es die Sehnsucht, aufzubrechen oder vielleicht auch auszubrechen, Neues zu sehen und zu erleben? Weckt es in Ihnen den Entdeckergeist und den Abenteurer? In vielen der jungen Menschen, mit denen wir arbeiten, sehen wir genau dieses Verlangen: endlich raus, um ein Auslandsjahr zu machen. Mal herumreisen und die Welt erkunden. Andere Kulturen und Menschen sehen und kennenlernen, vielleicht sogar für eine Zeit dort leben.

Oder ist es das Erwerben eines breiteren Verständnisses in Bezug auf politische Themen und Ansichten oder Weltanschauungen? Für manchen mag es eine berufliche Weiterbil-

71

dung bedeuten oder gar eine komplette berufliche Umorientierung.

Vielleicht bewirkt dieses Wort „Horizonterweiterer" aber auch Unsicherheit oder sogar Angst in Ihnen. Vielleicht ist es einfach nur eine innere Abneigung gegen Neues, denn beim Altvertrauten weiß man ja zumindest, was man hat.

Wenn Sie jetzt mal versuchen, diese zwei Worte zusammenzubringen: Gott und Horizonterweiterer – was schießt Ihnen dann durch den Kopf? Können Sie damit etwas anfangen?

Die meisten Leute, die ich kenne, würden sofort sagen: „Das passt nicht zusammen! Gott, da geht es doch nur darum, was man darf und was man nicht darf, das ist doch keine Horizonterweiterung, sondern eine Einengung!" Die Wörter Gott und Horizonterweiterer scheinen sich in den Köpfen vieler direkt zu widersprechen. Auch ich selbst hätte früher den Möglichmacher niemals als Horizonterweiterer beschrieben, sondern vielmehr als Spielverderber, Spaßwegnehmer, Einenger und Grenzensetzer. Alles, was mit Gott, der Kirche und Christen zu tun hatte, war für mich engstirnig und kleinkariert, aber sicher nicht horizonterweiternd. Für mich waren damals viele der Leute, die mit dem Möglichmacher lebten und an ihn glaubten, zwar total nett, aber auch sehr langweilig und eingefahren. Doch nachdem ich ihm begegnet war und anfing, den Möglichmacher selbst kennenzulernen, entpuppte er sich mehr und mehr als jemand, den ich niemals erwartet hätte – unter anderem auch als Horizonterweiterer.

Je besser ich ihn kennenlerne oder Menschen, die ihn kennen und lieben, desto unbeschreiblicher wird er für mich. Die Weite, die er mit sich bringt und mir eröffnet, überrascht und fasziniert mich, ja, sie zieht mich regelrecht in ihren Bann. Er führt mir vor Augen, dass es mehr gibt, als ich mit meinen Augen sehen kann. Er zeigt mir, dass unser menschlicher Verstand zwar absolut brillant ist, aber auch seine Grenzen hat. Er macht mir bewusst, dass es um mehr geht als um mich und meine kleine Welt. Mit ihm kann ich über den Tellerrand hinausblicken, ohne darüber hinauszufallen und mich im weiten Nichts zu verlieren. Er lässt mich seine Größe und Weite mit dem inneren Auge erkennen und führt mich in freudiges Staunen, atemlose Ergriffenheit und übersprudelnde Dankbarkeit.

Schon vor Jahrtausenden haben Menschen das erkannt, erlebt und davon berichtet: „Und er führte mich heraus ins Weite, er befreite mich (von meiner Engstirnigkeit), weil er Gefallen an mir hatte" (Die Bibel, Elberfelder, Psalm 18,20; Ergänzung durch den Autor). Der Möglichmacher hat Freude daran, uns Menschen in die Weite zu führen, damit wir erkennen können, dass er grenzenlos ist. Er hat Gefallen daran, uns von unserem menschlichen Denken und der eigenen Begrenztheit zu befreien.

Ein paar Zeilen später schreibt derselbe Autor: „Du schaffst Raum meinen Schritten unter mir" (Elberfelder, Psalm 18,37). Der Möglichmacher will den Horizont erweitern, nicht einengen. Er schenkt Weite, nicht Enge, weil er **WO FREIHEIT FEHLT, GEHT DER MENSCH KAPUTT.** sich wünscht, dass wir uns auf ihn einlassen, obwohl er unser menschliches Verständnis übersteigt. Wenn ein Mensch das im eigenen Leben erlebt, dann wird er feststellen: „Mit *ihm* überwinde ich jede Mauer" (nach der Bibel, Psalm 18,30).

Ein erweiterter Horizont, unendliche Weite, geebnete Wege, Mauern überwinden – das ermöglicht genau das, was wir uns alle wünschen: Freiheit.

Wo Freiheit fehlt, geht der Mensch kaputt. Wir sehen das überall auf der Welt, fehlende Freiheit raubt dem Menschen die Möglichkeit, zu leben, zu blühen und sich zu entfalten. In so einem Umfeld existiert man vielleicht, aber man lebt nicht.

All die Länder, aus denen die Menschen nach wie vor in Scharen zu uns fliehen, sind das beste Beispiel dafür.

Wenn Freiheit allerdings als Maßlosigkeit und letztendlich Gleichgültigkeit gegenüber allem, jedem und auch sich selbst verstanden wird, ist sie genauso zerstörerisch wie die fehlende Freiheit. In meiner Arbeit bin ich unzähligen Menschen begegnet, die durch ihr falsches Verständnis von Freiheit zerstört wurden, weil sie zum Sklaven ihrer selbst wurden. Sie ließen sich auf Dinge ein, die verlockende Freiheit versprachen, und endeten in Abhängigkeiten, die ihr Leben zerstörten.

Das wird auch bei unseren Camps innerhalb der GetAway-Days immer wieder deutlich. Auf der einen Seite gibt es Jugendliche, die noch nie Freiheit in ihrer Heimat erlebt haben und deswegen völlig bedrückt und gedemütigt durchs Leben gehen. Auf der anderen Seite stehen diejenigen, die Freiheit und Weite missverstanden haben und deswegen in große Schwierigkeiten geraten sind.

In einem Sommer hatten wir eine Gruppe straffällig gewordener junger Erwachsener. Viele von ihnen hatten eine Riesenklappe, hinter der sich oftmals Unsicherheit und Verletzungen verbargen. Als wir zum Felsklettern gingen, tat einer von ihnen besonders groß. Nach einer kurzen Einweisung kletterten wir los. Wir waren Toprope-Klettern am Felsen, so ähnlich, wie es in vielen Kletterhallen praktiziert wird. Beim Toprope-Klettern ist der Rahmen vorgegeben: Das Kletterseil läuft durch einen Fixpunkt am Berg. Am einen Ende des Seils hängt sich der Kletterer ein, auf der anderen Seite wird er von einer zweiten Person mit dem Seil gesichert. Ziel des Kletterers ist es nun, bis zum Fixpunkt hochzuklettern, um dann nach Bewältigen der Kletterroute vom Sicherer nach unten gelassen zu werden. Das Leben des Kletterers ist also völlig in der Hand dessen, der ihn sichert. Das erkannten unsere Jugendlichen sofort und einer sagte: „Krass, dann habe ich also das Leben vom Kletterer in meiner Hand. Wenn ich loslasse, geht er drauf!" Damit das nicht passiert, haben wir zu Beginn hinter dem ersten Sicherer immer einen Mitarbeiter stehen, der das Seilende in der Hand hält und zur Not eingreift, falls der Sichernde tatsächlich loslassen sollte.

Unser Großmaul wollte anfangen, aber er hatte nicht vor, sich von einem seiner Kumpels abhängig zu machen. Deswegen wollte er ohne Seil und Sicherung nach oben klettern. Er fand den Rahmen, den wir vorgegeben hatten, einfach nur bescheuert und engstirnig. Doch natürlich durfte er ohne Sicherung nicht hochklettern, deswegen saß er zuerst nebendran und beobachtete die anderen. Nach einer Weile kam er dann aber doch auf mich zu und fragte, ob ich ihn mal sichern könne. Er wollte eine relativ schwere Tour klettern, von der er selbst überzeugt war, dass er sie nicht ohne Hilfe schaffen würde. Gemeinsam legten wir los. Er kletterte, ich sicherte ihn. Da die Tour sehr herausfordernd war, fiel er etliche Male mit vollem Gewicht in das Seil. Dabei merkte er jedes Mal, dass ich ihn sicherte.

Als er einmal so im Seil saß, fragte ich ihn: „Hey, du fandst doch den Rahmen, in dem wir klettern, völlig bescheuert und einengend. Was hältst du davon, wenn ich dich einfach mal aus diesem engstirnigen Rahmen befreie und das Seil durchschneide?" Für einen Moment wurde er still und vor allem nervös, dann erwiderte er: „Ach, lass nur. Euer Rahmen ermöglicht es mir, hier oben zu sitzen, die Landschaft und den Ausblick zu genießen und eine Tour zu klettern, die ich allein nie geschafft hätte!"

Für mich war es großartig, zu sehen, wie „unser Großmaul" sich in diesem Rahmen entwickelte. Als er verstanden hatte, dass ihm der vorgegebene Rahmen unglaublich viel Freiheit verschaffte, bewegte er sich auf einmal ganz anders am Felsen. Wenn er nicht mehr konnte und im Seil saß, tänzelte er hin und her, um den Fels zu erkunden und bessere Griffe zu finden. Beim Klettern wuchs er förmlich über sich hinaus und machte Züge, die sehr gewagt waren, weil er wusste, dass ihm in diesem Rahmen nichts passieren konnte. Zum Ende der Route meisterte er sogar einen Überhang. Als er nach dem Abseilen wieder vor mir auf dem Boden stand, strahlte er übers ganze Gesicht und meinte voller Stolz: „Das hätte ich nie gedacht, dass ich das schaffe! Danke, das war Hammer!"

Weite und Freiheit kann man nur in einem gesicherten Rahmen erleben. Deswegen sagt der Möglichmacher, dass er unsere Füße „auf weiten Raum" stellt. Aber es ist eben nicht ein menschlicher Raum, der irgendwo seine Grenzen hat, sondern es ist sein „Raum", der seine Größe und Weite widerspiegelt. Diesen Rahmen bietet der Horizonterweiterer jedem Menschen an. Darin bietet er uns Menschen die Freiheit, Schritte zu gehen, uns umzuschauen und über unsere Grenzen hinauszuwachsen – im wahrsten Sinne des Wortes Mauern zu überwinden und dabei von ihm gesichert zu sein. Gleichzeitig bewahrt dieser Rahmen aber auch davor, Freiheit misszuverstehen und dabei selbst draufzugehen und andere in Gefahr zu bringen.

Für die längste Zeit meines Lebens dachte ich über den Möglichmacher wie unser Großmaul über uns zu Beginn des Kletterns: „Das brauche ich nicht. Das beschneidet meine Freiheit. Das limitiert mich und engt mich ein!" Aber je länger ich mit ihm lebe und je besser ich ihn kennenlerne, desto mehr geht es mir wie unserem Kletterer während und nach dem Klettern: „Wow, das ist ja genial! Ich sehe Dinge aus einer neuen Perspektive! Ich kann über meine Grenzen gehen, weil ich gehalten werde! Ich darf etwas wagen, weil er es unter Korntolle hat! Ich kann mich in alle Richtungen umschauen und neue Möglichkeiten entdecken, weil er mein Leben in der Hand hat!"

Weil der Möglichmacher mein Leben verändert und mir ein Herz für Jugendliche geschenkt hat, die genauso verrückt leben wie ich vor vielen Jahren, hat die Arbeit der GetAway-Days begonnen. Als er mir bewusst machte, dass es unzählige Jugendliche gibt, denen so ein Camp guttun würde, hat er dafür gesorgt, dass die Anzahl der Camps jedes Jahr gesteigert und eine Nachbetreuung begonnen wurde. Mitarbeiter wurden eingestellt und die Arbeit ist mittlerweile schon international aufgestellt. Er schenkt Ideen, er inspiriert dazu, größer zu denken – nicht um Profit zu machen, sondern um in Menschen zu investieren.

Der Horizonterweiterer will Ihnen Einblicke in seine Realität schenken. Er ist viel größer und faszinierender als alles, was unser menschliches Auge sehen kann. Er engt nicht ein, sondern führt uns in die Weite. Das Vertrauen auf ihn und das, was er sagt, lässt uns diese Weite bruchstückhaft erkennen. Es ist definitiv abenteuerlich und herausfordernd, sich darauf einzulassen – aber es ist atemberaubend schön und bereichernd, denn er erweitert unseren Horizont.

9. DER HERZENSHEILER

Jeder, der selbst mit Kindern zu tun hat, wird dieses Liedchen, von dem es unzählige Varianten gibt, schon mal gesungen haben oder zumindest kennen: „Heile, heile Segen, sieben Tage Regen, sieben Tage Sonnenschein, dann wird's bald wieder besser sein!" Dann muss man noch ein paar Mal auf die Wunde pusten und oft geht es dem Kind dann wieder so gut, als ob nie ein Sturz, ein Unfall oder ein Streit gewesen wäre. Ach, wenn es doch immer so einfach wäre im Leben!

In der Tat heilen äußerliche Wunden tatsächlich meistens verhältnismäßig schnell und vor allem in absehbarer Zeit. Aber wie verhält sich das mit inneren Wunden? Mit dem sogenannten „Herzschmerz" oder dem „gebrochenen Herzen"?

Ich bin kein Psychologe, aber was mir auffiel, ist Folgendes: Wenn man das Wort „Herzensheiler" googelt, dann findet man kaum etwas. Wenn man dagegen „Herzensbrecher" sucht, gibt es eine Vielzahl von Websites, Serien, Liedern, Gedichten und Geschichten zu diesem Schlagwort.

ÜBER ZERBROCHENE HERZEN SCHEINEN WIR MEHR SAGEN ZU KÖNNEN ALS ÜBER GEHEILTE HERZEN.

Über zerbrochene Herzen scheinen wir mehr sagen zu können als über geheilte Herzen. Zerbrochene Herzen sind die harte Realität des Alltags, während ein „geheiltes Herz" vielleicht eher nur ein sehnsüchtiger Wunsch ist, von dem wir nicht wissen, wo und wie er in Erfüllung gehen könnte.

Das Herz – was meinen wir überhaupt damit? Offensichtlich reden wir ja nicht von unserer Blutpumpe, wenn wir sagen: „Ich liebe dich von ganzem Herzen", oder „Er hat mir das Herz gebrochen." Der Möglichmacher hat in der Bibel eine Erklärung für das Herz, die mir sehr gut gefällt, und den Nagel auf den Kopf trifft: „So wie sich ein Gesicht im Wasser spiegelt, spiegelt das Herz den Menschen" (Die Bibel, Sprüche 27,19). Man könnte also sagen, das Herz ist unser wirkliches Ich. Es zeigt, wie es uns geht und wer wir im tiefsten Inneren sind – nicht das, was wir nach außen vorgeben zu sein, aber oft nicht sind.

Vor Kurzem erwähnte einer meiner Mitarbeiter ein Beispiel, das er immer wieder benutzt, wenn er Workshops zu Themen wie Gewaltprävention, Selbstschutz und Selbstwert durchführt. Die Kinder und Jugendlichen werden in Bezug auf ihren Umgang miteinander befragt und was das innerlich mit ihnen macht. Viele sagen dann sofort: „Überhaupt nichts", oder „Ist mir alles egal." Immer wieder fällt auch der Satz: „Da stehe ich doch drüber." Doch an den Augen ist abzulesen, dass sie in Wirklichkeit nicht alles so locker wegstecken, wie sie behaupten.

Um das zu verdeutlichen, nimmt mein Mitarbeiter dann immer zwei Äpfel, die beide äußerlich gleich aussehen: makellos, ohne Kratzer, frisch, appetitlich und begehrenswert. Den einen der zwei Äpfel hat er am Abend zuvor etwas „bearbeitet", auf dem Boden herumgerollt, auf den Tisch geklopft – natürlich immer sacht genug, um die äußere Schicht nicht zu verletzen – den anderen nicht. Dann schneidet er die Äpfel vor den Augen der Kinder auf und zeigt ihnen das „Herz des Apfels", das Innenleben oder das wirkliche Ich.

Während das Fruchtfleisch des unberührten Apfels genauso

appetitlich und frisch aussieht wie die äußere Schale, ist bei dem „bearbeiteten" Apfel das Fruchtfleisch sehr unappetitlich und braun. Man sieht sofort, dass er trotz äußerem Schein innerlich kaputt ist. Obwohl auch dieser Apfel äußerlich gesund aussieht, ist er doch verletzt und wird dadurch unattraktiv, wenn man ihn von innen anschaut.

Das ist ein treffendes Bild für uns Menschen. Jeder von uns wurde im Leben schon mehr oder weniger stark und oft „bearbeitet". Und auch wenn der äußere Schein noch so perfekt glänzt – wie es innen, im Herzen, im wirklichen Ich aussieht, ist oft eine ganz andere Sache. Fakt ist: Je verletzter das Innere des Apfels ist, desto ungenießbarer wird er, auch wenn er äußerlich noch so attraktiv erscheint. Das lässt sich nicht mehr rückgängig machen.

Die Literatur, die Musik und auch der praktische Alltag zeigen uns ganz deutlich: Es ist viel leichter, Menschenherzen zu zerbrechen, als sie zu heilen. Schon ein unbedachtes Wort hinterlässt oft bleibenden Schaden. Wie viel mehr werden Verleumdung, Mobbing, Vertrauensbrüche, Betrogenwerden, schwere Enttäuschungen oder Gewalt ihre Spuren in unserem Herzen hinterlassen? Ganz zu schweigen von tragischen Ereignissen wie einer ungerechtfertigten Kündigung, einer Krebsdiagnose oder dem Verlust einer nahestehenden und geliebten Person. All das hinterlässt seine Spuren, auch wenn die Schale nach außen oft tadellos erscheint.

Anhand meiner Biografie wird mir das immer deutlicher. Über viele Jahre hinweg habe ich weder auf das eigene Herz noch auf das Herz anderer irgendwelche Rücksicht genommen. Durch meinen selbstzentrierten und lieblosen Lebensstil habe ich anderen und mir selbst tiefste innere Verletzungen zugefügt, während meine Gegenüber dasselbe mit mir und sich selbst gemacht haben. Bis ich beinahe zwanzig Jahre alt war, wollte ich mir das jedoch selbst nie eingestehen.

Ich war so beschäftigt damit, mein äußeres Erscheinungsbild aufzupolieren, dass ich meinen inneren Zustand überhaupt nicht wahrnahm. Nach außen hin war ich völlig cool, souverän und erfolgreich, doch tief innen war ich verletzt, unsicher und zerbrochen. Wenn ich rückblickend eins aus dieser Zeit gelernt habe, dann ist es Folgendes: Verletzte Menschen werden automatisch andere Menschen verletzen, ob sie es wollen oder nicht.

In dieser Welt leben wir: äußerlicher trügerischer Glanz, eine makellose Fassade, doch was verbirgt sich dahinter? Oftmals sind es tiefe Verletzungen, verwundete und zerbrochene Herzen.

Weil das menschliche Herz so wertvoll, sensibel und zerbrechlich ist, sagt der Möglichmacher darüber: „Vor allem aber behüte dein Herz, denn dein Herz beeinflusst dein ganzes Leben" (Die Bibel, Sprüche 4,23). Mit anderen Worten: Unser Herz ist zerbrechlich und der Zustand unseres Herzens wird unser gesamtes Leben beeinflussen.

Als mir mein innerer Zustand zum ersten Mal bewusst wurde, war das ein überwältigender Schock. Ziemlich schnell versuchte ich, an meiner äußeren Fassade weiterzuarbeiten, um mich abzulenken. Das tat ich so lange, bis ich dem Möglichmacher begegnete. Er machte mir zum ersten Mal bewusst, dass er der Herzensheiler ist, ein wahrer Meister darin, mein verletztes und zerbrochenes Herz zu heilen. Anfangs fiel es mir schwer, ehrlich mit ihm darüber zu reden, wie es mir wirklich innerlich ging. Aber je mehr ich das tat, desto mehr erlebte ich, was in der Bibel steht: „Er heilt gebrochene Herzen und verbindet Wunden" (Psalm 147,3).

Gerade in der Feststellung, wie verletzt mein Herz wirklich ist, kam ich mir oft dumm und vor allem einsam vor. Immer wieder stellte ich mir die Frage: „Lohnt es sich überhaupt, ehrlich gegenüber dem Möglichmacher zu sein, oder soll ich einfach weitermachen wie so viele andere nach dem Motto: „The show must go on?"

Wiederum schenkte mir der Zuspruch des Herzensheilers den Mut und das Vertrauen, bei ihm zu bleiben, mich ihm anzuvertrauen und abzuwarten, ob er wirklich das tut, was er behauptet: *„Ich bin* nahe denen, die zerbrochenen Herzens sind, und die zerschlagenen Geistes sind, *rette ich"* (nach der Bibel, Elberfelder, Psalm 34,19). Seine Rettung und die Nähe zu ihm haben mein Herz in vielerlei Hinsicht geheilt. Und auch wenn dieser Prozess wahrscheinlich mein ganzes Leben hier auf dieser Erde anhalten wird, so weiß ich doch eins: Der Herzensheiler ist in der Lage, mein Herz zu heilen – von all den mir zugefügten Verletzungen und von allem Elend, das ich mir aufgrund schlechter Entscheidungen selbst zugefügt habe. Er heilt mein Herz von den Verletzungen, die der Verlust engster Freunde oder die Ablehnung durch andere verursacht hat. Immer wieder merke ich jedoch, dass er manches in meinem Leben erst zerbrechen muss, um es wieder gesund zu machen, um es so zu gestalten, wie er es sich gedacht hat.

Ich hätte nie gedacht, dass ich eines Tages dort stehen darf, wo ich heute im Leben stehe – nicht weil ich es mir selbst erarbeitet oder weil ich es verdient hätte, sondern weil ihm alles möglich ist: auch das Heilen von kaputten, zerbrochenen und schmerzenden Herzen.

Natürlich hinterlassen auch geheilte Wunden Narben. Das führt mir der Möglichmacher immer wieder vor Augen. Vor allem dann, wenn jemand gegen diese Narben stößt, merke ich: Da war doch mal was. Aber der große Schmerz ist nicht mehr da.

Der Möglichmacher ist ein wahrer Meister des Heilens: Er kann retten vor dem Tod, so wie der Notarzt zu einem schweren Unfall kommt und Leben rettet. Er kann Heilung schenken, sowohl körperlich als auch emotional. Er kann den inneren Menschen wiederherstellen, wie eine gute Reha den Körper nach einem schweren Unfall. Seine Heilung beinhaltet aber auch die Bewahrung des Geretteten, Geheilten und Wiederhergestellten.

Der Herzensheiler verspricht uns nicht ein Leben ohne Leid, Schwierigkeiten, Schmerzen und gebrochene Herzen, aber er verspricht uns, sich darum zu kümmern, wenn wir uns darauf einlassen.

Eine Familie, deren Lebensgeschichte ich auf einer Konferenz hörte, hat mich selbst tief bewegt und mir die Realität wiederholt verdeutlicht und bestätigt, dass auf die Worte des Herzensheilers Verlass ist. Hier erzählen sie aus ihrem Leben:

„Unsere Geschichte ist keine außergewöhnliche, sondern eine, die viele Menschen in ähnlicher Weise erlebt haben und erleben werden. Wir durften das Leben in seiner Fülle, durchdrungen von Wundern, erfahren, aber auch tiefen, fast unerträglichen Schmerz – und inmitten von all dem den Herzensheiler.

Am 5. Oktober 2012 ging ein so tiefer Riss durch unser Herz, dass wir dachten, wir würden an dieser schmerzenden Wunde zugrunde gehen.

1999 freuten wir uns auf unser drittes Kind, ein Mädchen. Wir waren eine ganz durchschnittliche Familie mit zwei Jungs im Alter von vier und zwei Jahren. Doch dann kam alles anders als erhofft: Sophie wurde mit der Diagnose „Hydrozephalus" (Wasserkopf) geboren. Mit dieser ärztlichen Feststellung waren unsere Vorstellungen von einem dritten gesunden Wunschkind erst einmal völlig auf den Kopf gestellt. Viele Fragen und Sorgen beschäftigten uns. Dennoch erlebten wir innerlich immer wieder den Frieden Gottes, konnten ruhig werden und darauf vertrauen, dass Sophie ihren Platz in dieser Welt finden und Gott einen Weg für sie vorbereiten wird.

Sophies erste Lebensjahre waren geprägt von viel Bangen und Unsicherheiten unsererseits: operative Eingriffe im Gehirn, Krankenhaus-

aufenthalte, epileptische Anfälle, viele Therapiestunden und Arzttermine mussten im normalen Familienalltag untergebracht werden. Unser Leben und auch das Leben ihrer drei Brüder – der jüngste wurde im Jahr 2000 geboren – bekam andere Schwerpunkte und veränderte sich mit Sophie in unserer Mitte. Das Schönste jedoch war, dass unser Herz immer voller Liebe war. In einem Tagebuch, das ich seit Sophies Geburt führte, hielt ich zu ihrem ersten Geburtstag fest:

„Sophie, meine geliebte Rose, vor wenigen Tagen feierten wir deinen ersten Geburtstag. Wunderbar, unfassbar, unglaublich – das sind die Worte, die mir in den Sinn kommen, wenn ich dich gedanklich vor mir sehe. Dein Lächeln, deine strahlenden Augen, dein Liebreiz bezaubern uns täglich. Dein Du-Sein, dein So-Sein veranlasst mich jeden Tag neu zu unendlichem Dank, zu Staunen, zu Freude und überschwänglicher Liebe."

Und so war es auch – in den 13 Jahren, die uns miteinander geschenkt waren, wuchs Sophie mehr und mehr zu einem selbstständigen jungen, hübschen Mädchen heran. In ihrer Persönlichkeit lagen so viel innerer Reichtum und Stärke!

Am 10. Mai 2012 feierten wir Sophies 13. Geburtstag in großer Runde. An diesem Tag hielt ich eine kleine Ansprache. Es ging darum, dass Sophie in ihrem Leben immer wieder Grenzen durchschritt. Meine Notizen endeten mit der Aussage:

„So bist auch du eine Grenzgängerin – du musstest Grenzen akzeptieren und du wirst über Grenzen gehen."

Ich ahnte damals natürlich nicht, dass dies einige Monate später härteste Realität werden und Sophie die letzte uns Menschen gesetzte Grenze überschreiten würde. Der 2. Oktober 2012 schlug wie ein Blitz in unser Leben ein. Sophie klagte tagsüber über Kopfschmerzen und erlitt abends völlig unerwartet einen Herz- und Atemstillstand. Nachdem uns von den Ärzten jegliche Hoffnung auf Rettung genommen worden war und der Hirntod feststand, starb Sophie am 5. Oktober mit dem Abstellen der Beatmungsgeräte. Sophies Tod brachte unsere Welt zum Einstürzen, alles brach zusammen – auch unser Gottesbild vom liebenden Vater, der doch immer noch irgendwie rechtzeitig eingegriffen hatte. Warum ließ er sie gerade jetzt, wo sie sich mehr und mehr entfaltete, sterben? Hier standen wir nun an dieser Grenze, an der Grenze aller menschlichen Möglichkeiten, an der Grenze des Machbaren, an der Grenze unserer Wünsche und Hoffnungen, an der Grenze unseres Gottvertrauens und an der Grenze zwischen dieser und jener Welt.

Ich erlebte den Möglichmacher mit einem Mal als den unberechenbaren, vielleicht auch furchtbaren, rätselhaften, fremden Gott – ein Gott, der uns solch einen schweren Weg zumutete. Und doch wusste ich tief in meinem Inneren, dass es dennoch für mich und für uns nur diesen einen Rettungsanker in all unserem Schmerz und unserer Ohnmacht geben würde, dass ich keinen anderen Ort finden würde, wo ich mit meiner Trauer, meiner Verstörtheit und meinem verwundeten, zerbrochenen Herzen hingehen konnte.

Als ich in der Krankenhauskapelle alleine mit Gott um das Leben meines Mädchens rang und am Ende die unendlich schweren Worte „dein Wille geschehe" ausgesprochen hatte, fiel mein Blick auf die Altarbibel. Sie war aufgeschlagen bei Psalm 121 – meinem Lieblingspsalm: „Ich schaue hinauf zu den Bergen – woher wird meine Hilfe kommen? Meine Hilfe kommt vom Herrn, der Himmel und Erde gemacht hat" (Vers 1-2).

Die Berge der Dunkelheit, des Schmerzes und der Einsamkeit in der Trauer türmten sich riesig auf und schienen unüberwindbar zu sein. In diese Situation hinein gab es nur eine Gewissheit, auf die ich mein Herz lenken konnte: Meine Hilfe kommt vom Herrn, vom Möglichmacher! Denn er selbst verspricht mir, dass er denen nahe ist, die ein gebrochenes Herz haben – also mir und meiner Familie. Er verspricht uns, Herzensheiler zu sein in all unserem unbeschreiblichen Schmerz. Sophie hatte uns in einem persönlich geführten Büchlein als letzte Eintragung einen Bibelvers aus den Psalmen hinterlassen: „Ich aber vertraue auf deine Liebe und juble darüber, dass du mich retten wirst" (Die Bibel, Übersetzung Hoffnung für alle, Psalm 13,6). Diesen Vers benutzte der Herzensheiler, um in mir langsam wieder einen Boden des Vertrauens zu bauen.

Er lädt mich ein, mit meinem fragenden, zweifelnden und klagenden Herzen zu ihm zu kommen. So vieles bleibt unbeantwortet, unfassbar, unverstanden. Mit den wenigen Bruchstücken des Verstehens zu leben, fällt mir schwer – so gern möchte ich den Sinn hinter und in allem erfassen.

Der Herzensheiler ermutigt mich, ihm diese Bruchstücke anzuvertrauen, weil er aus Schmerz und Zerbrochenheit Neues und Schönes schaffen kann. Ich darf erfahren, dass nicht ich mich an Gott halten muss, sondern dass er mein Halt sein möchte. Er will mich festhalten, erhalten, behalten, seine Zusagen einhalten, ich darf mich ihm hinhalten, gerade dann, wenn alles haltlos erscheint. Dies zu erfassen, auch mit dem Herzen, war und ist eine tiefe, heilende Erfahrung für mich.

In den Monaten des Trauerns hat der Möglichmacher mein Herz auch mehr und mehr „himmelwärts" gelenkt. Gott selbst hat etwas in mir wachsen lassen – eine sogenannte „heilende Hoffnung und Gewissheit". Der Herzensheiler redet viel über die „jenseitige Welt". In dieser Welt weiß ich mein Kind geborgen und geliebt. Auch durch diesen Blick über das Hier und Jetzt hinaus hat Gott mein verwundetes Herz verarztet, mir die tiefe Gewissheit geschenkt, dass für Sophie alles gut ist, dass es keinen besseren Ort für sie geben könnte, als in seiner Gegenwart. Bei keinem sind unsere Lebenswunden besser aufgehoben als bei ihm, dem Herzensheiler. Er ist es, der Hoffnung und „Dennoch-Freude" inmitten aller Widrigkeiten in unser Herz hineinlegen kann und will, wenn wir ihm unser Herz anvertrauen. Er klebt kein schnelles Trostpflaster auf unsere Wunde, aber er hält uns samt unseren Lebenswunden, die auch Narben hinterlassen, ganz sanft bei sich und zeigt uns täglich neu seine Liebe zu uns. Durch das, was er an uns tut, können wir wiederum anderen Menschen Mut zusprechen."

„*Der Möglichmacher* hält die fest, die hinfallen, und hilft denen auf, die zusammengebrochen sind. … *Der Möglichmacher* ist allen nahe, die ihn anrufen, allen, die ihn aufrichtig anrufen … er hört ihre Hilfeschreie und rettet sie" (nach der Bibel, Psalm 145,14.18.19).

Wie viel Leid, Elend, Verwundung und Schmerz tragen wir oft verborgen in unserem Herzen mit uns herum? Der Herzensheiler ist bereit, das zu tun, was er in seinem Wort zusagt, den zu heilen, der sich ihm anvertraut, und den wiederherzustellen, der seine Zerbrochenheit zu ihm bringt. Eins ist sicher: Der Möglichmacher wird niemanden enttäuschen.

10. DER FREUDESCHENKER

Was würde sich in Ihrem Leben verändern, wenn Sie beständig eine tiefe innere Freude erleben würden? Das klingt vielleicht utopisch, aber lassen Sie sich doch einmal auf diese Frage ein. Würde das etwas ändern? Vielleicht die Art und Weise, wie Sie am Morgen aufstehen – vor allem am Montagmorgen? Die zwischenmenschlichen Beziehungen? Die Atmosphäre an Ihrem Arbeitsplatz? Das eigene Wohlbefinden? Den kompletten Alltag, ja, vielleicht sogar Ihr ganzes Leben?

Die Gedanken über unser menschliches Streben nach Freude und Glück beschäftigen mich schon seit vielen Jahren. Jeder will glücklich sein und glücklich durchs Leben gehen. Wer ist schon gern unglücklich oder freudlos?

Doch viele Menschen erleben etwas ganz anderes. Immer wieder hatte und habe ich mit Menschen zu tun, die mit Depressionen kämpfen. Viele erklärten mir, dass ihr Leben sinnlos ist. Wenn ich nachfragte: „Warum ist es sinnlos?", war die Antwort bei den unterschiedlichsten Menschen meist sehr ähnlich: Sie erlebten keine Freude.

Ein Leben ohne Freude ist unvorstellbar und verständlicherweise unerträglich. Je mehr Freude, desto farbenfroher ist das Leben. Freudlosigkeit saugt uns den Saft aus den Knochen, Freude dagegen haucht neue Lebenskraft ein. „Don't Worry,

Be Happy"* verschaffte Bobby McFerrin weltweite Anerkennung, traf er mit diesem Hit doch eine Sehnsucht in uns, die irgendwie tief verankert zu sein scheint. Was wir nicht alles tun und kaufen, nur um glücklich zu sein! Die Schokoladenindustrie, die Kleiderindustrie, die Unterhaltungsindustrie – alle profitieren von unserem Streben nach Glück.

Die große Frage ist: Ist es möglich, immer glücklich, immer „happy" zu sein? Die Antwort ist zwar sehr ernüchternd, aber trotzdem klar: nein. Die Herkunft dieses faszinierenden Wortes „Happiness" oder „happy" ist sehr Augen öffnend in Bezug auf unser beständiges Verlangen danach. Das wurde mir bei einem Gespräch mit meinem Schwiegervater bewusst, der ein wahrer Meister der englischen Sprache ist und Worte kennt und verwendet, die man heute in keinem Wörterbuch mehr findet.

Dieses magisch anziehende und erstrebenswerte Wort „happy" ist eng verbunden mit dem Verb „to happen", zu Deutsch „passieren" im Sinne von „es passiert etwas". Dieses Wort beschreibt ganz klar ein Geschehnis, einen Vorfall oder ein Ereignis, etwas, das passiert und dann auch schon wieder vorbei ist. „Happiness" ist also abhängig von Ereignissen, die zwar immer wieder vorkommen, die aber kein Dauerzustand sind. Deswegen sagen wir auch „Happy Birthday" – es ist ein Tag im Jahr. Für viele ist es ein ganz besonderer Tag, wenn man Familie und Freunde hat, denn an diesem Tag steht man bei allen im Mittelpunkt. Jeder versucht an diesem einen Tag alles oder zumindest vieles zu tun, um dem Geburtstagskind einen schönen und unvergesslichen Tag zu ermöglichen.

Meine Frau liebt Geburtstage. Immer wenn sie Geburtstag hat, wiederholt sie etliche Male: „Ich wünschte, ich hätte je-

---

* Mach dir keine Sorgen, sei glücklich.

den Tag Geburtstag!" Warum? Weil ihr bewusst ist, dass es ein Tag im Jahr ist, der ganz besonders und voller „Happiness" ist. Einen Tag im Jahr erlebt sie dieses Ereignis: einen „Happy Birthday".

Wenn wir sagen: „Ich bin ganz happy", beschreiben wir eigentlich etwas, das gerade passiert. Diese Worte beschreiben einen Gemütszustand, der sowohl ereignisgebunden als auch momentgebunden ist. Deswegen gibt es in der englischen Sprache noch viel mehr solcher Redewendungen, die ein Ereignis beschreiben. Man spricht sich dort zu: „Happy Easter" (frohe Ostern), „Happy Trails" (gute Reise), das beschreibt eine gewisse Zeitspanne, um von A nach B zu kommen; „Happy anniversary" (frohes Jubiläum, zum Beispiel der Hochzeitstag etc.), auch das beschreibt nur einen Tag im Jahr. Sehr oft hört man auch die Worte „Happy Holidays" (frohe Feiertage). Da hat man Grund, glücklich zu sein, denn man muss ja nicht arbeiten, kann Zeit mit der Familie oder Freunden verbringen – aber was auch immer man macht, es ist kein Dauerzustand.

Um es auf den Punkt zu bringen: Auch wenn wir uns „happy sein" als Dauerzustand wünschen, ist dies unmöglich, weil dieses Gefühl komplett von unseren Umständen abhängig ist. Mal passiert das, was wir wollen, mal nicht. Manchmal scheint die Sonne und wir genießen das Licht und die Wärme – ein Grund um „happy" zu sein. An anderen Tagen regnet es in Strömen, wir sind pudelnass und frieren erbärmlich – definitiv kein Moment, sich glücklich zu fühlen, außer man hat dringend auf Regen gewartet.

Wir leben in einer Welt, in der alles und jeder ständigen Veränderungen unterworfen ist. Unsere Umstände ändern sich manchmal schneller und manchmal langsamer, als uns lieb ist, aber sie ändern sich immer. Mein iPhone von heute ist morgen schon wieder out und veraltet. Unsere Mitmenschen verändern sich ständig, im Verhalten uns gegenüber, in ihren Meinungen zu bestimmten Themen, sie wechseln den Wohnort, die Frisur und natürlich auch die Klamotten. Sie und ich verändern uns ständig. Manchmal wollen wir das, manchmal passiert es einfach. Dem Bestreben zu folgen, immer glücklich zu sein, bringt nur Verlierer mit sich, weil es schlichtweg unmöglich ist.

Der Möglichmacher spricht sehr oft von der Freude. Ja, er fordert uns Menschen sogar auf, uns beständig zu freuen (Die Bibel, Philipper 4,4). Wie kann das sein? Erwartet er von uns etwas, das wir uns zwar im tiefsten Inneren wünschen, das aber unmöglich ist?! Oder ist damit vielleicht etwas anderes gemeint als das Glück, das von bestimmten Ereignissen abhängig ist?

Es gibt viele Menschen, die in der Bibel über dieses Thema schreiben. Ein Mann namens Paulus schreibt sogar: „Ich bin überreich an Freude bei all unserer Bedrängnis" (Die Bibel, Elberfelder, 2. Korinther 7,4). Paulus' Situation war nicht ideal. Er lebte vor etwa 2000 Jahren und wurde verfolgt, misshandelt und ins Gefängnis geworfen, weil er an den Möglichmacher glaubte und von ihm weitererzählte. Trotzdem schreibt er, dass er „überreich an Freude" ist, obwohl seine Umstände alles andere als erfreulich sind. Es scheint also eine Freude zu geben, die unabhängig von allen Umständen ist. Aber wie kann das möglich sein?

Wann immer der Möglichmacher von Freude redet, hat das nichts damit zu tun, sich für einen Moment „happy" zu fühlen. Es hat auch nichts damit zu tun, immer mit einem fetten Grinsen im Gesicht durchs Leben zu schweben. Die Freude, von der er spricht, ist total real und erfahrbar – für jeden. Aber sie ist nicht abhängig von unseren Umständen, von dem was wir haben oder nicht haben, von unseren Mitmenschen, ja, nicht einmal von uns selbst. Die Freude, von der er erzählt, ist ein Geschenk und sie ist einzig und allein abhängig von ihm und davon, wer er ist. Er ist der Freudeschenker.

Vor einigen Jahren las ich ein Buch der Nordkoreanerin Soon Ok Lee, die bei der autoritären Regierung ihres Landes grundlos in Ungnade gefallen war. Aufgrund dessen wurde sie zu etlichen Jahren in einem Arbeitslager verurteilt. Die Zustände dort waren und sind nach wie vor so brutal und menschenverachtend wie die Konzentrationslager in Deutschland im Dritten Reich. Die Autorin beschreibt, wie sie und andere Menschen aufs Übelste misshandelt wurden, körperlich zugrunde gerichtet, ausgehungert und innerlich zerbrochen, um „gefügig gemacht" zu werden. Sie berichtet, dass es in dem Lager sehr viele Christen gab – Menschen, die bewusst mit dem Möglichmacher durchs Leben gehen und ihr Vertrauen allein auf ihn setzen wollen. Diese Christen wurden schlimmer behandelt und gefoltert als alle anderen. Sie wurden geschlagen und getreten, weil sie ihrem Glauben nicht absagten. Bei den meisten führte das früher oder später zum Tod. Die Autorin, die damals selbst keine Christin war, erzählt, wie diese Menschen bei lebendigem Leib mit heißem, flüssigem Metall überschüttet wurden und ihre Körper dabei komplett verbrannten. Sie beschreibt den entsetzlichen Gestank und ihren eigenen Hass auf die Wärter. Doch eines erschien ihr bei diesen furchtbaren Foltermethoden völlig unverständlich und unerklärlich. Diese Christen hatten eine große, tiefe innere Freude. Selbst während des grausamen Sterbens sangen sie Lieder, beteten für die Wärter und dankten dem Möglichmacher. Ihre Freude war völlig unabhängig von allen Umständen.[10]

Manch einer sagt jetzt vielleicht: „Die waren halt verrückt." Das glaube ich nicht! Es war ja nicht nur einer, der sich so benahm, sondern viele. Diese Menschen haben eine Freude erlebt, die nicht an ihre Umstände gebunden war. Sie haben eine Freude erlebt, die anhand des menschlichen Verstandes völlig unerklärlich und unmöglich ist, die aber völlig real ist und auch sichtbar wird für andere. Sie haben eine Freude erlebt und ausgelebt, die übernatürlich ist und allein von einem kommt: dem Freudeschenker.

Es gibt Freude, die kein Ende kennt. Freude, für die es keine Grenzen und keine Hindernisse gibt. Freude, die immer da ist und erlebt werden kann, die mir niemand mehr nehmen kann, weil sie eben nicht abhängig ist von mir, meinen Mitmenschen oder den Umständen um mich herum.

Ich habe diese Freude selbst erlebt. Aber das war nicht immer so. Früher habe ich Vorträge zu diesem Thema gehalten und glaubte, ich würde diese Art von Freude kennen. Doch dann zogen wir als jungverheiratetes Ehepaar für ein paar Jahre in die USA. Seitdem ich den Möglichmacher mit knapp zwanzig Jahren kennengelernt hatte, war in meinem Leben sehr viel Gutes passiert. Mein vorheriger Lebensstil hatte viele Konsequenzen mit sich gebracht, aber in all dem war ich beständig Zeuge von der Realität des Möglichmachers und von dem, was er in und aus einem Leben machen kann. Direkt vor dem Umzug lebte ich in einem Umfeld, in dem ich mich unglaublich wohlfühlte, hatte eine Arbeit, die ich liebte, war frisch verheiratet und immer noch bis über beide Ohren verliebt. Wir hatten bis dahin ein geniales Leben zusammen. Kein Wunder, dass ich Freude spürte.

Als wir in Tennessee lebten, kam jedoch alles anders als erwartet, erwünscht oder erbeten, wie das Sprichwort sagt: „Erstens kommt es anders und zweitens als man denkt." Das erfuhr ich in dieser Zeit am eigenen Leib. Auf irgendeinem Amt war etwas schiefgelaufen und deswegen bekam ich nach unserer Einreise keine Sozialversicherungsnummer, obwohl ich eine Greencard hatte. Ohne diese Nummer konnte ich nicht legal arbeiten, keinen Führerschein besitzen oder ein

Bankkonto eröffnen. Viele neue „Bekannte" versprachen mir damals, sich um einen Arbeitsplatz zu kümmern, uns zu helfen, uns einzuladen – aber von den meisten hörten wir nie wieder etwas. Ich kam das erste Mal in Berührung mit „Poison Ivy", zu Deutsch „Kletternder Giftsumach", auf das ich so stark allergisch reagierte, dass mein kompletter Körper mit nässenden Zwei-Euro-Stück-großen Blasen überzogen war, die unerträglich juckten. Als ich dann nach sechs Wochen endlich offiziell arbeiten durfte, arbeitete ich als gelernter Zimmerer mit Leuten zusammen, die keinerlei Ausbildung hatten, von denen etliche kaum lesen und schreiben konnten und die mich trotzdem wie einen jungen, unerfahrenen Ausländer behandelten. Bei all dem verdiente ich am Anfang sehr schlecht.

Ich könnte die Liste noch weiterführen, aber um es auf den Punkt zu bringen – meine Umstände waren bescheiden und meine Freude war weg! Da wurde mir zum ersten Mal bewusst, dass meine Freude bisher wahrscheinlich überwiegend von meinem Umfeld, meinen Erfolgen und meinen Mitmenschen abhängig gewesen war. Und mit dieser Erkenntnis und dem persönlichen Eingestehen dieser Tatsache haderte ich mehr als mit allem anderen. Die Freude, von der ich so begeistert gewesen war, über die ich oft mit anderen geredet hatte und die mir so beständig erschienen war, war nicht mehr da. Hatte ich etwa über Jahre an etwas geglaubt, das es gar nicht gibt? Hatte ich versucht, andere von einer Freude zu überzeugen, die nur erfunden war? In meiner Verzweiflung ging ich der Sache auf den Grund. Ich wollte herausfinden, was der Ursprung dieser Freude ist, von der Menschen in der Bibel berichten. Natürlich wusste ich schon, dass sie irgendwie abhängig vom Möglichmacher ist, aber wie genau wusste ich nicht.

Hier sind ein paar der Entdeckungen, die ich damals gemacht habe. Nehemia, ein Jude, der vor etwa 2450 Jahren lebte, beschrieb es so: „Seid nicht traurig, denn die Freude am Herrn ist eure Zuflucht" (Die Bibel, Nehemia 8,10). Freude am Möglichmacher und daran, wer er ist, das ist eine Kraftquelle, die nicht von den Umständen abhängt!

David, der später König von Israel wurde, schrieb auf der Flucht vor seinem Rivalen Saul ein Gedicht, in dem es heißt: „Die von ihm (dem Möglichmacher) Hilfe erhoffen, werden vor Freude strahlen" (Die Bibel, Psalm 34,6; Ergänzung durch den Autor). Zum ersten Mal fing ich an zu verstehen, dass es einen großen Unterschied macht, ob ich auf den Möglichmacher schaue oder auf meine Umstände.

Doch der Satz, bei dem der Groschen fiel, war definitiv der Vers aus der Bibel, der einige Jahre später sogar die Jahreslosung[*] war und 2014 in christlichen Kreisen und auch außerhalb auf Postkarten, Plakaten und Bannern zu lesen war: „Gott nahe zu sein ist mein Glück" (Einheitsübersetzung, Psalm 73,28). In einer anderen Übersetzung heißt es: „Doch mir geht es gut, weil ich mich nahe an Gott halte!" (Neues Leben).

Es geht um die bewusste Nähe zu dem, der der Freudeschenker ist. Diese Erkenntnis und das Umsetzen im Alltag machten die schweren und unangenehmen Wochen nach unserem Umzug in die USA zu einer der wertvollsten Zeiten meines Lebens. Es war die Zeit, in der ich anfing, zu erleben, dass die vom Möglichmacher versprochene Freude kein Mythos ist, sondern persönlich erlebt werden kann, unabhängig von allen äußeren Umständen. Das Erleben dieser Freude in den damaligen Umständen ist mir zu einer Kraftquelle geworden, die mich bis heute immer wieder überrascht und fasziniert.

---

*   Die Jahreslosung ist ein Vers, der sozusagen als Motto für ein Jahr ausgewählt wird.

Seit dieser Zeit bin ich durch viele Höhen und Tiefen gegangen und ich muss ehrlich zugeben, dass ich diese Freude nicht immer erlebe. Aber ich erlebe sie dann, wenn ich auf den Möglichmacher schaue und nicht auf meine Umstände. Ich erlebe sie, wenn ich nahe am Freudeschenker dran bin. Immer wieder und immer mehr überrascht er mich mit der Erfahrung: Es gibt tatsächlich Freude, unvergängliche Freude, unerklärliche Freude, aber total reale Freude.

ES GIBT TATSÄCHLICH FREUDE, UNVERGÄNGLICHE FREUDE, UNERKLÄRLICHE FREUDE, ABER TOTAL REALE FREUDE.

Er ist der Freudeschenker. Er will jeden beschenken, der sich beschenken lässt. Solange man krampfhaft versucht, selbst die Freude zu finden, zu erarbeiten und zu erreichen, ist man zu beschäftigt mit sich selbst und den Umständen um sich herum, um echte, anhaltende Freude zu erleben. „Werfen" Sie doch stattdessen mal einen Blick auf den Möglichmacher und warten Sie ab, was daraus wird.

11. DER HOFFNUNGSSTIFTER

„Die Hoffnung stirbt zuletzt", so sagt das Sprichwort. Oft ist es ironisch gemeint, wenn jemand bei einer aussichtslosen Situation nicht einsehen will, dass es keinen Sinn hat. 2002 erschien ein Film nach einem Buch von Fred Breinersdorfer mit diesem Titel und auch die Medien greifen diese Worte immer wieder auf, wenn es um unlösbare Problematiken in der Politik geht.

Vor einer Weile setzte sich einer meiner Freunde ein sportliches Ziel, von dem ich innerlich überzeugt war, dass er es nicht erreichen würde. Er war sich sicher, dass das Ziel für ihn realistisch sei, doch er konnte mich nicht überzeugen. Allerdings wollte ich ihn durch meine Worte auch nicht entmutigen. Deswegen beendete ich das Gespräch mit den Worten: „Na, dann probier es doch mal. Die Hoffnung stirbt zuletzt!" Eine echte Ermutigung war das nun nicht, da muss ich auch noch dazulernen. Doch mein Freund hat das gesteckte Ziel erreicht – ich war beeindruckt.

Der sehr umstrittene, aber erfolgreiche Rapper Bushido veröffentlichte 2004 einen Song mit dem Namen „Die Hoffnung stirbt zuletzt", in dem er beschreibt, wie und warum er seine Freundin verlässt. Darauf antwortet diese – im Lied mit der Stimme von Cassandra Steen – immer mit folgenden Worten:

Ich kann dir nicht erklären
Wie deine Ansicht mich verletzt
Ich schenke dir jetzt mein Herz
Denn meine Hoffnung stirbt zuletzt.[11]

Wenn man die Todesanzeigen der lokalen Zeitungen durchliest, springen einem diese Worte ebenfalls immer wieder in die Augen. Doch was meinen wir überhaupt damit? Was ist das für eine Hoffnung, die zuletzt doch stirbt? Und was ist überhaupt Hoffnung?

Das Wort „hoffen" kommt ursprünglich vermutlich von „hüpfen". Wenn man „hofft", hüpft und springt man unruhig vor Erwartung.[12] Das meint mehr als nur die Hoffnung auf besseres Wetter. Das ist die Hoffnung eines Kindes vor Weihnachten, eine Erwartung, dass das Ersehnte endlich eintrifft. Hoffnung lässt einen tanzen, singen und springen. Hoffnung und Gleichgültigkeit passen dagegen überhaupt nicht zusammen. Wenn ich auf etwas hoffe, dann habe ich eine tiefe Sehnsucht nach der Erfüllung meiner Hoffnung. Dieser Gemütszustand setzt mich in Bewegung und befähigt mich, aktiv zu werden.

Unzählige Sprichwörter und Zitate befassen sich mit der Hoffnung. Die folgenden finde ich persönlich sehr interessant:

Der amerikanische Präsident Richard Nixon sagte: „Wer heute falsche Hoffnungen weckt, weckt morgen echte Enttäuschungen." Mit dieser Realität wurde jeder Mensch schon einmal konfrontiert. Es gibt „falsche Hoffnungen", die durch Nichteintreffen Enttäuschungen auslösen, und es gibt Hoffnungen, die Hand und Fuß haben.

Wenn ich meinen Kindern verspreche, dass wir am Wochenende ins Schwimmbad gehen, dann wecke ich automatisch Hoffnung in ihnen. Jeden Tag reden sie davon, freuen sich darauf und hüpfen und tanzen vor Vorfreude. Vor allem die Kleinen fragen jeden Tag: „Papa, wie oft müssen wir noch schlafen, bis wir endlich ins Schwimmbad gehen?" Ich achte immer darauf, dass ich das Versprochene auch einhalten kann, da ich weiß, wie weh enttäuschte Hoffnung tun kann. In den meisten Fällen gelingt es mir auch, aber vor Kurzem wurden am Tag vor dem versprochenen Schwimmbadbesuch zwei unserer Kinder krank. Wir alle hatten deswegen eine sehr unruhige Nacht mit vielen Unterbrechungen, und als ich am nächsten Morgen völlig gerädert aufstand, fasste ich den Entschluss, dass es an diesem Tag keinen Sinn hatte, ins Schwimmbad zu gehen. Sie hätten die Enttäuschung in den Augen der Kinder sehen sollen – herzerweichend. So sehr ich mich auch danach sehne, Hoffnung zu wecken, die nicht in Enttäuschung endet, die Umstände können mir einen Strich durch die Rechnung machen, weil ich sie nicht unter Kontrolle habe.

Vielleicht aufgrund ähnlicher Erkenntnisse schrieb der englische Schriftsteller Alexander Pope: „Gesegnet ist der Mann, der nichts erwartet. Er kann nie enttäuscht werden." Ja, wer auf etwas hofft, kann enttäuscht werden. Er hat vielleicht sich selbst und alle Hebel in Bewegung gesetzt und dann festgestellt: „Das war umsonst." Doch wäre es denn eine Lösung, nichts mehr zu hoffen und zu erwarten, nur damit man sich nicht in die Gefahr begibt, Enttäuschungen zu erleben? Dann wäre der Alltag ja nur noch grau, ohne Hoffnung, ohne auf etwas hinzuleben, ohne Vorfreude auf die Zukunft. Einfach trostlos und für mich persönlich überhaupt keine Option. Nicht umsonst heißt es: Vorfreude ist die schönste Freude. Die frohe Erwartung bringt Farbe ins Leben.

Dies sagte auch der ehemalige Präsident der Tschechischen Republik Vaclav Havel mit den treffenden Worten: „Das Leben ist viel zu kostbar, als dass wir es entwerten dürften, indem wir es leer und hohl, ohne Sinn, ohne Liebe und letztlich ohne Hoffnung verstreichen lassen." Mit dieser Ansicht über das menschliche Leben kann ich mich vollständig identifizieren, und ich hoffe, Sie können es auch. Ein Leben ohne Hoffnung ist kein Leben!

Allerdings gibt es eben zwei unterschiedliche Arten von Hoffnung: „tote Hoffnung" und „lebendige Hoffnung".

Eine „tote Hoffnung" ist das vage Hoffen und Glauben an irgendwen und irgendetwas, eine Hoffnung, die zuletzt eben doch stirbt, selbst wenn man bis zum bitteren Ende fest gehofft und geglaubt hat. Die Hoffnung, die zuletzt doch stirbt, ist ganz nüchtern ausgedrückt keine Hoffnung, sondern völliger Blödsinn, reine Zeitverschwendung und eine traurige Illusion. Eine „tote Hoffnung" ist ein Wunsch, aber keine Wirklichkeit. Ich kann jeden Tag mit vollster Überzeugung und grenzenlosem Optimismus auf gutes Wetter hoffen. Selbst wenn es für längere Zeit jeden Tag traumhaften Sonnenschein gäbe, so käme doch der Tag, an dem meine Hoffnung enttäuscht würde, egal, wie sehr ich auch daran glaube und darauf hoffe.

Mit dieser Enttäuschung könnte ich sicher gut leben, aber es gibt viele Bereiche, wo tote Hoffnungen echtes Leben unmöglich machen. Wenn ich einfach nur hoffe, dass ich irgendwann einen besseren Chef haben werde, kann ich nicht aufblühen. Wenn ich hoffe, dass ich den perfekten Partner fürs Leben finden werde, dann wird mir das nicht viel nützen und ich werde vielleicht einen Menschen, der gut zu mir passt, gar nicht beachten, weil ich das Unmögliche erhoffe. Wenn ein alter Mensch hofft, dass er noch jahrelang gesund genug sein wird, um allein zu leben, wird er durch eine schwere Erkrankung völlig aus der Bahn geworfen, weil er nicht vorgesorgt hat. Eine „tote Hoffnung" ist wie eine Krücke, mit der wir Menschen uns durchs Leben bewegen, ohne daran zu denken, dass diese Krücke sehr zerbrechlich ist und früher oder später unter der Last der Realität zersplittern wird.

Eine lebendige Hoffnung dagegen ist ganz anders. Bei ihr kann man schon in der Vorfreude vor Erwartung hüpfen, weil sie eintreffen wird.

Ob eine Hoffnung tot oder lebendig ist, hängt davon ab, von wem ich etwas erhoffe. Wichtig ist nur die Person, auf die ich hoffe und der ich vertraue.

Das folgende Beispiel ist sehr simpel, bringt die Wirklichkeit dieses Gedankens aber anschaulich auf den Punkt. Ich genieße das Vorrecht, viele gute zwischenmenschliche Beziehungen zu haben. Etliche mir sehr nahestehende Menschen in meinem Leben kommen grundsätzlich immer zu spät. Es sind Menschen, die ich über alles liebe, die ich sehr schätze und denen ich im Gegenzug auch unglaublich wichtig bin, das ändert aber nichts an der Tatsache, dass sie immer unpünktlich sind. Wenn wir eine Zeit vereinbaren, um etwas gemeinsam zu unternehmen, dann weiß ich schon im Vorhinein mit sehr großer Wahrscheinlichkeit: Sie kommen später als ausgemacht. In ihrem Fall ist es völlig egal, wie sehr ich darauf hoffe, dass sie pünktlich sind. Die Hoffnung stirbt spätestens in dem Moment, in dem ich feststelle, dass sie wieder unpünktlich sind. Es ist eine tote Hoffnung.

Auf der anderen Seite ist mein Vater ein überaus pünktlicher Mensch. Bei ihm weiß ich: Wenn er sagt: „Ich komme um 12.30 Uhr zum Mittagessen", klingelt er spätestens um 12.27 Uhr bei uns an der Haustüre. Egal, ob er viel zu tun hat oder nicht, er ist immer pünktlich – in Bezug auf Pünktlichkeit ist er für mich eine lebendige Hoffnung. Und trotzdem kann der Tag kommen, an dem er mich einmal enttäuscht, denn er ist nur ein Mensch und die Umstände könnten ihn daran hindern, pünktlich zu sein.

In Bezug auf die wesentlichen Dinge im Leben kann jeder

Mensch, der ja selbst eines Tages stirbt, nur „tote Hoffnung" anbieten, egal, wie gut und ernst er es auch meinen mag. Vergängliche Menschen bieten vergängliche Hoffnungen an. Egal, wie fest man daran glaubt und darauf hofft, spätestens mit dem Tod stirbt auch die Hoffnung.

Ich kenne nur einen Einzigen, bei dem das anders ist: den Möglichmacher. Er ist nicht nur irgendein leerer Hoffnungsversprecher, der uns Menschen eine Krücke in die Hand drücken will, damit wir bestmöglich hier auf der Erde über die Runden kommen. Er ist der Hoffnungsstifter, der eine Hoffnung verspricht, die über den Tod hinaus Bestand hat. Er hat eine lebendige Hoffnung, weil er den Tod selbst besiegt hat.

Es gibt ein zentrales Thema im Buch des Möglichmachers, ein Phänomen, das es sonst nirgendwo gibt: die Auferstehung Jesu von den Toten. Ein Augenzeuge der damaligen Zeit berichtet davon: „Doch Gott hat ihn (Jesus) aus den Schrecken des Todes befreit und wieder zum Leben auferweckt, denn der Tod konnte ihn nicht festhalten" (Die Bibel, Apostelgeschichte 2,24; Anmerkung durch den Autor).

Die Auferstehung von den Toten klingt für manchen wie ein Märchen. Man hält es für eine nette oder vielleicht auch verrückte Geschichte für ein paar Leute, die etwas naiv sind, selbst nicht klarkommen mit dem Leben und deswegen eine „Krücke" brauchen. Im besten Fall murmelt man diese Worte noch leicht abwesend im Apostolischen Glaubensbekenntnis vor sich hin, wenn man an Weihnachten in die Kirche geht: „Bla, bla, bla, am dritten Tage auferstanden von den Toten, bla, bla, bla." Wer's glaubt, wird selig, und wer's nicht glaubt, kommt auch in den Himmel – das haben wir zu meiner Schulzeit immer gesagt, wenn etwas völlig unglaubhaft war.

Doch ist die Auferstehung – eine lebendige Hoffnung, die sogar den Tod überwunden hat – tatsächlich so aus der Welt, wie wir es heute meinen, nur weil der Glaube daran out ist?

Nein. Ganz im Gegenteil. Die Auferstehung widerspricht zwar allem, was wir kennen, aber wenn man mit wissenschaftlichen Methoden an das Thema herangeht, entdeckt man Erstaunliches. Vor vielen Jahren bekam ich das Buch „Die Tatsache der Auferstehung"[13] geschenkt, das von dem ehemaligen Agnostiker Josh McDowell geschrieben wurde. Dieser versuchte krampfhaft zu widerlegen, dass die Auferstehung Realität ist. Während seiner Recherchen kam er jedoch an den Punkt, wo er überzeugt war: „Es muss tatsächlich stimmen, auch wenn es unvorstellbar klingt!" Die Auferstehung Jesu wurde von so vielen Augenzeugen bestätigt, dass ein Historiker zu dem Schluss kommt: Sie ist wahr.

Der Möglichmacher ermöglicht uns Menschen also eine Hoffnung, die eben nicht irgendwann mal stirbt, auch nicht mit dem Tod. Lebendige Hoffnung ist die Hoffnung, die ein Mensch bekommt, wenn er auf Jesus Christus, seine Auferstehung und auf das, was diese für das eigene Leben persönlich bedeutet, vertraut.

Ein Autor des Neuen Testaments, des zweiten Teils der Bibel, führt aus, welche Auswirkungen es auf das Leben eines Menschen hätte, der dem Möglichmacher vertraut, wenn Jesus nicht auferstanden wäre. Folgende Aussagen macht er im ersten Brief an die Korinther 15,13-20:

- Alles Predigen (vom Möglichmacher erzählen) wäre sinnlos.
- Aller Glaube, jedes Vertrauen auf den Möglichmacher wäre wertlos.
- Alle Aussagen des Möglichmachers in Bezug auf das Thema Schuld, Tod und Ewigkeit wären reine Hirngespinste.
- Alle, die daran glauben, hätten dann keine lebendige Hoffnung.

- Alle, die auf die Auferstehung Jesu vertrauen, wären die elendsten Menschen auf der Welt, wenn die Auferstehung keine Tatsache wäre.

Die Auferstehung, die einzige lebendige Hoffnung, die sogar den Tod überwunden hat, ist kein Randthema, über das jeder denken kann, wie er will, sondern es ist das Zentralthema des Möglichmachers, mit dem das Vertrauen auf ihn steht oder fällt.

Ich sehne mich nach einer Hoffnung, die trägt, die niemals vergeht, die ewig bleibt und die auch mit meinem Tod nicht einfach nur „begraben" wird. Doch das macht mich nicht blind für die Realität. Ich glaube nicht entgegen dem gesunden Menschenverstand. Wenn Sie mir heute hundertprozentig beweisen könnten, dass Jesus nicht von den Toten auferstanden ist, dann wäre ich bereit, mein Leben zu überdenken, schließlich will ich es nicht auf einem Mythos aufbauen. Aber das wird schwierig werden, weil die Auferstehung historisch sehr gut bezeugt ist und unzählige Erlebnisse, Berichte und veränderte Leben für mich persönlich den Unterschied zwischen einer toten und einer lebendigen Hoffnung deutlich herauskristallisiert haben.

Es gibt eine Hoffnung, die niemals stirbt: Jesus, der von den Toten auferstanden ist und heute genauso lebendig ist wie eh und je. Er, der Hoffnungsstifter, ermöglicht eine einzigartige Hoffnung. Eine Hoffnung, die niemand, auch nicht der Tod nehmen kann. Eine

ES GIBT EINE HOFFNUNG, DIE NIEMALS STIRBT.

Hoffnung, die nicht nur eine auf Gefühlen, Situationen und anderen Menschen aufgebaute Überzeugung ist, sondern eine tiefe innere Gewissheit, die stärker ist als alles andere. Es ist eine Hoffnung darauf, dass das Leben hier auf der Erde nicht alles ist, sondern das Beste noch kommt. Von dieser lebendigen Hoffnung und tiefen heilenden Gewissheit hat die befreundete Familie nach dem Verlust ihrer Tochter in Kapitel 9 geschrieben.

Auch meine Oma war eine Frau, die so eine Hoffnung bis zum letzten Atemzug hier auf dieser Erde hatte. Als alte und körperlich sehr schwache Frau hatte sie ein paar schwere letzte Monate. In der Nacht, in der sie starb, sagte die diensthabende Schwester: „Ich habe schon Hunderte Leute sterben sehen, aber niemand ist so ruhig, so friedlich und so hoffnungsvoll gegangen wie sie."

Im Februar 2014 war die Beerdigung. Viele Leute kamen von nah und fern, und als ich in die übervolle Kapelle trat, beobachtete ich für ein paar Minuten einfach die Menschen, die bei dem Begräbnis anwesend waren. Vielen schien es ähnlich zu gehen wie mir, sie hatten eine sehr enge Bindung zu meiner Oma gehabt und ihr Tod schmerzte sie sehr. Der Pfarrer sagte Mut machende Worte, die aber viele der Anwesenden überhaupt nicht zu hören schienen.

Nach der Zeit auf dem Friedhof waren alle in das dortige Gemeindehaus zu einem schlichten Essen mit anschließendem Kaffee und Kuchen eingeladen. In dieser Zeit sprach ich mit verschiedenen Menschen, von denen ich viele nicht wirklich kannte. Außerdem gab es für jeden die Möglichkeit, ein paar letzte Sätze an einem offenen Mikrofon loszuwerden. Zwischendurch saß ich oft in Gedanken versunken da und beobachtete die Leute.

Durch die persönlichen Begegnungen, das Gesagte und die Beobachtungen wurde mir eines ganz deutlich. In diesem Raum gab es überwiegend zwei Arten von Menschen, die etwas sehr Unterschiedliches ausstrahlten und vermittelten: Meine Oma war in Ostdeutschland geboren und aufgewachsen. Ihr ganzes Leben hatte sie engen Kontakt mit Freunden, die entweder noch in Ostdeutschland lebten oder genauso wie sie in unterschiedliche Regionen im Westen umgezogen waren, gehalten. Die meisten von ihnen bezeichneten sich entweder als Atheist oder als areligiös. Auf der anderen Seite hatte meine Oma schon vor vielen Jahren den Möglichmacher persönlich kennengelernt. Mit ihm war sie über Jahrzehnte durch dick und dünn gegangen, und deswegen waren viele der Anwesenden Christen, also Menschen, die bewusst auf den Möglichmacher und seine mit lebendiger Hoffnung gefüllten Versprechen vertrauen.

Der Unterschied zwischen den zwei „Gruppen" war überwältigend. Während beide zutiefst betroffen und traurig waren über den Tod meiner Oma, strahlten die einen darüber hinaus Leere und Hoffnungslosigkeit aus, während den anderen eine tiefe Gewissheit und Zuversicht anzumerken war. Während die einen am Mikrofon zwar mit gut gemeinten, aber völlig aussagelosen Floskeln um sich warfen, lasen die anderen hoffnungsvolle Worte aus der Bibel vor und redeten von der persönlichen Gewissheit von einem Leben nach dem Tod. Die einen versuchten sich und andere mit Ratschlägen zu trösten wie: „Die Zeit heilt alle Wunden", „Wir wissen zwar nicht, wo sie jetzt ist, aber es wird ihr schon gut gehen dort", oder „Das ist zwar schwer jetzt, aber das wird schon wieder". Die anderen nahmen sich einfach in den Arm, weinten zusammen und redeten voller Hoffnung über die Freude eines Wiedersehens in der Ewigkeit.

Die Menschen, die bewusst oder unbewusst nicht auf den Möglichmacher vertrauten, verbreiteten solch eine in die Tiefe reißende Hoffnungslosigkeit, dass ich es beinahe nicht mehr ertragen konnte. Sie versuchten, ermutigende Worte zu finden, bei denen aber offensichtlich wurde, dass sie selbst nicht daran glaubten. Doch die anderen Menschen füllten den Raum mit tiefer Zuversicht trotz Trauer, Gewissheit trotz offener Fragen und dieser lebendigen Hoffnung, die selbst der Tod nicht in die Knie zwingt.

An diesem Tag wuchs ein fester Entschluss in mir: Selbst wenn all das mit dem Möglichmacher nur Blödsinn wäre, so wollte ich doch lieber im Vertrauen auf ihn durchs Leben gehen als ohne ihn. Selbst wenn sich die Auferstehung und die ganzen Versprechen des Möglichmachers als leeres Geschwafel entpuppen sollten, so ist das Leben mit ihm doch das bessere und attraktivere, mit höherer Lebensqualität und einer lebendigen Hoffnung, die eben nicht irgendwann stirbt, sondern nie vergeht und sich erfüllt.

Der Hoffnungsstifter sagt: „Wenn der Gottlose (der Mensch, der losgelöst vom Möglichmacher lebt) stirbt, stirbt auch seine Hoffnung, und seine Erwartung erfüllt sich nicht" (Die Bibel, Sprüche 11,7; Ergänzung durch den Autor).

Auf was hoffen Sie? Oder viel wichtiger: Auf wen hoffen Sie?

Der Möglichmacher ist der einzige Hoffnungsstifter, der jedem Menschen eine lebendige Hoffnung anbietet, die über den Tod hinausgeht. Er ermöglicht eine tiefe innere Gewissheit, dass es mehr gibt als nur die paar Jahre oder Jahrzehnte hier auf dieser Erde. Er will Ihnen die unbeirrbare Vorfreude auf eine Zukunft schenken, die besser ist als alles, was Sie sich je erträumen oder selbst ermöglichen könnten. Ein Sich-Einlassen auf ihn ermöglicht eine Hoffnung, die lebendig ist, weil er lebt und den Tod besiegt hat. Die Hoffnung auf ihn und seine Worte stirbt nie – sonst wäre es keine echte und lebendige Hoffnung.

12. DER ERFAHRBARE

„Entertain me, I'm bored" stand auf dem T-Shirt eines Teenagers, neben dem ich neulich stand. Was für eine Aussage. „Unterhalte mich, ich bin gelangweilt."

Der Schrei nach Unterhaltung, danach, etwas zu erleben und nicht nur herumzusitzen, um sich rein theoretisch mit Dingen zu befassen, schallt lauter durch unsere Welt als je zuvor. Nicht umsonst boomt die Erlebnispädagogik. Sobald man etwas unter diesem Wort vermarktet, scheint es zu laufen, unabhängig davon, was sich tatsächlich dahinter verbirgt. Viele Programme sind auch wirklich gut.

Nur im Klassenzimmer zu sitzen und einfach Stoff zu pauken, ist auf Dauer nicht genug. Auch immer mehr Firmen stellen fest, dass es für Team- und Führungskräfteentwicklungen mittlerweile mehr gibt als die klassischen Seminare. Erlebnispädagogik kann eine sehr hilfreiche Ergänzung sein, denn wenn die Theorie praktisch umgesetzt und das Erlebte mit dem Alltag in Verbindung gebracht wird, bleibt mehr hängen, und zwar aus einem ganz einfachen Grund: Es ist durchlebt, es wird erlebt und es sind viel mehr Sinne dabei involviert als beim Sitzen im Klassenzimmer oder Seminarraum.

Meine Kinder gehen in eine wirklich tolle Schule mit überwiegend sehr motivierten und kreativen Lehrern. Wenn ich meine Schulzeit und den damaligen Unterricht vergleiche mit dem, wie meine Kinder heute lernen, dann begeistert mich das. Wir saßen vor ein paar Jahrzehnten noch überwiegend im Klassenzimmer und haben gelesen, still sitzend zugehört und auswendig gelernt, wie man zum Beispiel aus einem Apfel Apfelsaft macht. Schon eine Stunde nach dem Unterricht hatte ich das meiste wieder vergessen. Meine Kinder wandern heute als Klasse zu einem Bauernhof, sammeln Äpfel auf, waschen sie, pressen sie selbst, sehen und erleben, wie das alles funktioniert, trinken frischen Apfelsaft, kommen begeistert von der Schule und erzählen uns jedes Detail. Phänomenal! Da ist was hängen geblieben, weil sie mit allen Sinnen erfahren haben, wie aus einem Apfel Apfelsaft wird.

Noch wichtiger als diese Art der Wissensvermittlung ist es, dass Menschen erfahren können, dass sie etwas erreichen oder anderen vertrauen können. Vielen der Jugendlichen, die zu den GetAwayDays kommen, fällt es schwer, zu vertrauen. Aufgrund von Missbrauch, groben Vertrauensbrüchen und schrecklichen Erfahrungen hat sich in ihnen immer mehr die Haltung entwickelt: „Wenn ich mich auf andere verlasse, bin ich verlassen. Deswegen verlasse ich mich nur noch auf mich selbst." Diese innere Haltung wird bei den Camps schnell sichtbar, denn bei vielen der Aktionen spielt Vertrauen eine große Rolle. Wenn wir am ersten Abend am Lagerfeuer erklären, was wir die Woche über vorhaben, kommt oft die Frage, ob sie das überhaupt schaffen können. Dann erklären wir ihnen, dass wir das schon jahrelang machen und sie uns „einfach" vertrauen sollen. Einfacher gesagt als getan.

Wenn wir klettern gehen und ihnen erklären, wie alles funktioniert und dass die Seile und Karabiner ihr Körpergewicht um ein Vielfaches aushalten, nicken die meisten nur gelangweilt. Wenn sie dann aber im Seil sitzen, die Finger immer müder werden und sie merken, dass sie sich nicht endlos festhalten können, wird ihnen bewusst, dass sie sowohl auf uns als auch auf das Material vertrauen müssen. Nicht selten kommt es vor, dass ein Jugendlicher gefühlte zehnmal fragt: „Hält mich das auch wirklich? Hast du mich wirklich gesichert? Passiert da auch ganz sicher nichts?" Nun wird das theoretische Wissen praktisch umgesetzt und sie erleben: Wow, das hält wirklich! Die Typen, die hier mit uns arbeiten, sind tatsächlich vertrauenswürdig.

Diese Erfahrungen bewirken, dass viele dieser Jugendlichen förmlich über sich selbst hinauswachsen. Sie tun und bewältigen Dinge, die sie ein paar Stunden vorher nie für möglich gehalten hätten. Sie erleben, dass sich Vertrauen in die „richtigen Menschen" lohnt und es ihnen dabei hilft, aus der Komfortzone herauszukommen, neue Dinge zu lernen und sich weiterzuentwickeln. Wenn dann durch geschickte Reflexion das Erlebte mit dem Alltag in Verbindung gebracht wird, haben viele ein sogenanntes „Aha-Erlebnis" und beginnen, das Erkannte im Alltag umzusetzen. Wir haben schon viele großartige Erfahrungen damit gemacht, wie so eine Woche das Leben von Jugendlichen komplett auf den Kopf stellen kann aufgrund der besonderen Erfahrungen und Erlebnisse.

Erfahrungen, die man selbst gemacht hat, sind viel prägender, als die, die einem von anderen erzählt werden. Deswegen bin ich ein absoluter Fan von Erlebnispädagogik. Wie wäre es, wenn man den Möglichmacher erfahren könnte? Wenn man nicht nur über ihn lesen, sondern ihn tatsächlich erleben könnte?

Ob ich vor Schulklassen rede, mit Gruppen der GetAway-Days unterwegs bin, mit Nachbarn quatsche, auf Konferenzen Vorträge halte oder in Kirchen predige, es gibt eine Sache, die sehr häufig rüberkommt und die die Meinung vieler Menschen im deutschsprachigen Raum widerzuspiegeln scheint: Der Möglichmacher ist langweilig und out, er interessiert heute niemanden mehr. Der Möglichmacher und das, was er vor Jahrhunderten sagte, hat heute nichts mehr mit mir und meinem Alltag zu tun. Oft kommt die bekannte Frage: „Was bringt mir der Möglichmacher im Alltag?" Oder der Satz: „Ja, wenn ich den Möglichmacher sehen und erleben könnte, das wäre super. Aber er ist halt irgendwo und die Bibel ist ein altes Buch in einer Sprache, die ich nicht verstehe."

Ich kann das alles nur zu gut nachvollziehen, denn früher empfand ich genauso. Doch heute geht es mir ganz anders damit. Ich kenne den Möglichmacher, erlebe ihn und seine Realität jeden Tag meines Lebens und bin fasziniert davon, wie groß sein Anliegen ist, dass jeder Mensch erlebt, dass er völlig alltagsrelevant ist – überall auf der Erde, in jeder Kultur und für jedes Alter.

Er will erlebt und mit den Sinnen erfahren werden, das sagt er uns immer wieder: „Schmeckt und seht, dass *ich* gut *bin*" (nach der Bibel, Psalm 34,9). Der Möglichmacher will mehr sein für uns Menschen als trockene Theorie. Ihm geht es nicht darum, dass wir über ihn Bescheid wissen oder etwas über ihn auswendig lernen. Er will, dass all unsere Sinne involviert sind und das Leben mit ihm und das Vertrauen auf ihn keine reine Kopfsache ist. Er hat den Wunsch, dass wir ihn in unserem Alltag „sehen". Er ermöglicht es uns Menschen, ihn als übernatürlichen Gott mit dem „Herzen zu sehen", mit dem Verstand zu erkennen und im Alltagsleben seine Realität vor Augen zu haben.

Um etwas schmecken zu können, muss man es erst mal kosten, es ausprobieren und in den Mund nehmen. Meine Oma war Köchin, unter anderem für einen Baron auf einem Schloss. Leider lebt sie nicht mehr, aber ihre Kochkunst war für mich immer etwas ganz Besonderes. Schon als Kind stand ich oft nebendran, wenn sie gekocht hat, und habe sehnsüchtig auf den Moment gewartet, in dem sie fragte: „Willst du mal kosten?" Was für eine Frage, und wie ich das wollte! Dann gab sie mir einen kleinen Löffel. Den tauchte ich in den

Kochtopf, ließ ihn kurz abkühlen und schob ihn schließlich in den Mund. Mmmhhh! Ich ließ mir das Essen „auf der Zunge zergehen" und konnte es kaum erwarten, bis es endlich Mittagsessen gab und ich mehr davon bekam.

Vorkosten und Abschmecken machen bei einem guten Koch Hunger auf mehr. Aber man muss etwas erst mal schmecken, um auf den Geschmack zu kommen – oder auch zu dem Ergebnis: Das schmeckt mir nicht. Der Möglichmacher ermutigt uns dazu, ihn zu kosten, ihn auszuprobieren, seinen Worten Vertrauen zu schenken. Nur so werden wir „schmecken", wie er wirklich ist.

Es gibt eine weitere Aussage des Möglichmachers in Bezug auf das Erleben von ihm. Er sagt: „Wenn ihr mich sucht, werdet ihr mich finden; ja, wenn ihr ernsthaft, mit ganzem Herzen nach mir verlangt" (Die Bibel, Jeremia 29,13).

Stellen Sie sich vor, Sie suchen eine Antwort auf die Frage „Wie viele Einwohner kommen auf einen Quadratkilometer in Simbabwe". Nun legt Ihnen jemand zehn verschiedene Bücher hin und sagt: „Irgendwo da drin steht die Antwort." Was würden Sie tun? Würden Sie anfangen zu suchen oder würden Sie es lassen, weil Sie sofort der Gedanke befallen würde: „Ach, so wichtig ist es auch nicht, das ist die Mühe nicht wert!"

Heute haben wir es bei der Beantwortung einer solchen Frage leichter. Wenn wir etwas suchen, dann geben wir es in eine Suchmaschine im Internet (zum Beispiel Google) ein, und innerhalb kürzester Zeit hat diese Suchmaschine die Antwort oder die 500 Antworten auf unsere Frage gefunden. Wenn der Möglichmacher vom Suchen spricht, dann ist das jedoch keine Suche wie die bei Google, wo wir schnell etwas eingeben und noch schneller eine Antwort haben. Es ist eher wie die Suche in den zehn Büchern. Suchen ist oft mühsam und anstrengend.

Angenommen, Sie machen Urlaub in den Bergen, eine Hüttentour. Jede Nacht verbringen Sie auf einer anderen Hütte und tagsüber wandern Sie von einer zur anderen. Sie sind schon vier Tage unterwegs und die körperliche Müdigkeit macht sich langsam bemerkbar. Sie kommen abends fix und fertig auf der Hütte an, freuen sich auf ein gutes Essen und ein Bett und merken beim Ablegen der Klamotten, dass sie auf der Wanderung irgendwo zwei Euro verloren haben. Was würden Sie tun? Wahrscheinlich würden Sie sich denken „Schade um die zwei Euro, aber so ist es halt. Dann freut sich eben derjenige darüber, der sie findet".

Nehmen wir dasselbe Szenario, aber beim Ablegen der Kleidung bemerken Sie, dass sie zweihundert Euro irgendwo während der Wanderung verloren haben. Was würden Sie tun? Vermutlich würden Sie mehr in die Suche investieren. Ein kleines oder sogar großes Stück des Weges zurücklaufen, andere Leute befragen und an die Ehrlichkeit in den Bergen appellieren. Eventuell wären Sie sogar bereit, das Abendessen nach hinten zu verschieben oder es ganz zu verpassen. Auf jeden Fall wäre es eine andere Suche als die nach zwei Euro.

Aber jetzt stellen Sie sich vor, Sie kommen fix und fertig an der Hütte an, ziehen den schweren Rucksack aus, und bemerken dabei, dass Sie zweitausend Euro auf dem Weg verloren haben. Was würden Sie tun? Mit großer Wahrscheinlichkeit würden Sie alles in Ihrer Macht Stehende tun, um die zweitausend Euro wiederzufinden. Sie würden überhaupt nicht ans Essen denken. Sie würden Leute bitten, Ihnen bei der Suche zu helfen. Sie würden bei Anbruch der Dunkelheit Stirnlampen organisieren, um bei Nacht weitersuchen zu können. Sie würden alles daran setzen, das Geld zu finden. Sie würden so lange suchen, bis Sie es gefunden haben oder sicher sind, dass jemand anderes es vor Ihnen gefunden hat. Sie würden das tun, weil die Intensität einer Suche davon abhängt, wie wertvoll das Gesuchte erscheint.

Wie wertvoll erscheint Ihnen der Möglichmacher? Im Gegensatz zu den zweitausend Euro, die Sie vielleicht nie wiederfinden würden, lässt sich der Möglichmacher gern finden, wenn man ihn wirklich sucht, wie

DIE INTENSITÄT EINER SUCHE HÄNGT DAVON AB, WIE WERTVOLL DAS GESUCHTE ERSCHEINT.

er es versprochen hat. Die Frage ist: Wer macht sich heute überhaupt noch auf die Suche nach ihm?

Den Möglichmacher kann man außerdem erfahren und erleben, wenn man eine weitere Sache ausprobiert, zu der er uns Menschen herausfordert. Er ermutigt uns: „Stellt mich doch auf die Probe" (nach der Bibel, Maleachi 3,10). Wir dürfen ihn prüfen, ob er wirklich der ist, der er behauptet zu sein! Mir gefällt das unglaublich an ihm. Der Möglichmacher ist nicht ein Gott, der herablassend sagt: „Wenn du zweifelst oder hinterfragst, dann mache ich dich einen Kopf kürzer." Nein, er hat die unbeschreibliche Größe und Souveränität zu sagen: „Du darfst mich prüfen, um herauszufinden, ob ich wirklich der bin, der ich behaupte zu sein. Du kannst gern testen, ob ich auch das halte, was ich verspreche." Und je mehr man ihn prüft und testet, desto mehr Erfahrungen und Erlebnisse wird man mit ihm haben.

Meine Kinder und die Jugendlichen, mit denen ich arbeite, machen das ständig. Sie testen mich, um herauszufinden, ob ich das tue, was ich sage. Auf der einen Seite ist das unheimlich anstrengend, weil ich mir immer sehr genau überlegen muss, was ich sage und verspreche und was nicht. Manchmal kommt es vor, dass ich etwas verspreche und es nicht umsetzen kann. Dann haben sie auch eine Erfahrung mit mir gemacht, aber eine eher unvorteilhafte.

Auf der anderen Seite aber ist es auch sehr bereichernd. Denn ich stehe unter dem positiven Druck, das, was ich sage, auch wirklich zu tun. Sie wiederum machen Erfahrungen mit mir, lernen mich wirklich kennen und müssen sich nicht nur blind auf meine Worte verlassen, sondern merken, dass Reden und Handeln meistens übereinstimmen und ich normalerweise gute Gründe habe, wenn ich etwas nicht einhalten kann. Dadurch bauen sie ein gesundes Vertrauen und eine enge Beziehung auf.

Prüfen und Testen kann man allerdings nur, wenn man vorher weiß, was der andere sagt und gesagt hat. Damit wir das auch wirklich im Alltag umsetzen können, hat uns der Möglichmacher ein ziemlich dickes Buch gegeben, die Bibel. Darin beschreibt er sich. Wer Erfahrungen mit ihm machen will, wird deswegen kaum darum herumkommen, seine Worte zu lesen und ihm auf diese Weise zuzuhören, um zu wissen, was er sagt. Dann werden Sie ihn erfahren und erleben.

Im Wort „erleben" steckt das Wort „leben". Erleben und leben gehören zusammen. Wenn Sie die Natur erleben wollen, dann müssen Sie in der Natur leben. Sie werden die Natur nicht erleben, wenn Sie viel über sie wissen oder eine Naturdokumentation im Fernsehen anschauen. Wenn Sie die Atmosphäre in einem Fußballstadion erleben wollen, dann bringt es Ihnen nichts, wenn Ihnen einer davon erzählt. Sie müssen selbst ins Stadion gehen. Wenn Sie eine Person erleben wollen, dann ist es nicht genug, etwas über den Betreffenden zu lesen oder ein großes Wissen über ihn zu haben. Erleben werden Sie ihn nur, wenn Sie das Leben miteinander teilen.

Der Möglichmacher ist keine bloße Theorie, er ist erfahrbar, hier und heute. Jeder, der ihn „kostet" und ausprobiert, kann schmecken und sehen, dass er gut ist. Jeder, der sich auf die Suche nach ihm macht, wird ihn finden. Jeder, der weiß, was er sagt, kann prüfen und herausfinden, ob er wirklich der ist, der er behauptet zu sein.

Der Erfahrbare ist auf der Suche nach Ihnen. Er sucht Sie mit der Intensität, von der wir vorher gesprochen haben, weil jeder Mensch unbeschreiblich wertvoll ist. Und er gibt diese Suche niemals auf. Sind Sie bereit, sich von ihm finden zu lassen und ihn persönlich in Ihrem Leben zu erleben? Vielleicht zum ersten Mal – oder auch immer wieder neu?

13. DER WERTVERSCHAFFER

„Du bist wertvoll!" – Wann haben Sie diesen Satz zuletzt gehört? Was würde dieser Satz in Ihnen bewirken, wenn er Ihnen ehrlich, ernsthaft und aus vollster Überzeugung zugesprochen werden würde? Was würde Ihnen die beständige innere Gewissheit „Ich bin wertvoll" in Ihrem Alltag ermöglichen? Würde sie etwas ändern?

Innerhalb unserer Camps bei den GetAwayDays sind wir sehr viel mit Jugendlichen und jungen Erwachsenen unterwegs, die häufig vermittelt bekommen haben – teilweise durch Worte, aber noch stärker durch Körpersprache und persönliche Erfahrungen –, dass sie nutzlos und wertlos sind. Wenn sie in unseren Camps dann Momente der Wertschätzung erleben, unabhängig davon, ob sie bei unseren gemeinsamen Aktivitäten glänzen oder aufgeben, können sie das schwer einordnen. Wenn sie einen „Input", also eine kleine Rede, darüber hören, dass sie wertvoll sind und warum sie wertvoll sind, dann kommt es immer wieder vor, dass harte Jungs und taffe Mädels in Tränen ausbrechen und nicht mehr aufhören zu weinen. Warum? Weil die meisten unter ihnen das noch nie in ihrem Leben gehört haben.

Vielleicht können Sie sich glücklich schätzen, weil Sie diesen Satz oder ähnliche Worte immer wieder hören. Das ist schön und nicht selbstverständlich. Trotzdem bleibt die Frage, die wir zwar meistens erfolgreich verdrängen, die aber dennoch relevant ist: Warum sagt oder vermittelt uns jemand: „Du bist wertvoll" – oder eben nicht?

Falls Sie ein „wertvoller Mitarbeiter Ihrer Firma" sind, dann können Sie stolz darauf sein. Aber was, wenn ein besserer kommt? Sind Sie dann nicht mehr wertvoll? Vielleicht sind Sie sehr sportlich und sind das „wertvolle Aushängeschild des Vereins", das ist eine tolle Sache. Aber was ist, wenn Sie älter werden und nicht mehr so leistungsfähig sind, verlieren Sie dadurch an Wert?

Sie haben vielleicht eine gute Schul- und Berufsausbildung genossen. Dann haben Sie auf jeden Fall das Potenzial, ein „wertvoller Steuerzahler für den Staat" zu werden. Aber bestimmt der akademische Werdegang Ihren Wert? Vielleicht besitzen Sie viel Geld, fahren ein cooles Auto und stehen auf der Karriereleiter ziemlich weit oben – sind Sie deswegen wertvoll – wertvoller als andere?

Vielleicht gehören Sie aber auch zu denen, die all das nicht kennen und haben. Dann stellt sich Ihnen unweigerlich die brutale Frage: Sind Sie deshalb wertlos? Oder hängt der Wert eines Menschen vielleicht gar nicht von dem ab, was er leistet, weiß oder besitzt?

Es gibt ein Grundbedürfnis in uns, das ständig nach mehr verlangt und uns immer dorthin treibt, wo es meint, gestillt zu werden: das Verlangen nach Wertschätzung und Liebe. Was tun wir nicht alles an verrückten und beeindruckenden oder auch traurigen und schrecklichen Dingen, nur um Beachtung, Aufmerksamkeit, Wertschätzung – letztendlich Liebe – zu bekommen.

Je nachdem, in welcher Kultur man aufgewachsen ist, benutzt man dieses Wort „Liebe" mehr oder weniger häufig. In den USA wird es für viele Dinge verwendet: Ich liebe mein Auto, ich liebe meinen Lehrer, ich liebe diese Fernsehserie, ich liebe McDonalds, ich liebe meine Kinder, ich liebe meinen Partner und ich liebe meinen Hund – man liebt einfach alles. Es ist total nett, in so einem Umfeld zu leben, allerdings beschleicht einen auch manchmal das Gefühl, dass dieses „Ich liebe …" nur eine ausgelutschte Floskel ist, die man für jeden und alles benutzt. Bei uns in Deutschland benutzen wir dieses Wort zwar nicht ganz so häufig, aber doch auch immer mehr für alles und jeden.

Beim Möglichmacher ist das anders. Er redet viel über dieses Thema, allerdings benutzt er für unser Wort „Liebe" verschiedene Worte, die unterschiedliche Bedeutungen haben. Liebe ist nicht gleich Liebe, das wissen wir alle.

Da gibt es zum Beispiel das griechische Wort „Eros", von dem das Wort erotisch abgeleitet ist. Die erotische Liebe wird beispielsweise geweckt, wenn ein Mann eine attraktive Frau vor sich sieht. Er fühlt sich angezogen – ihre Attraktivität zieht seine Blicke auf sie. Deswegen ist „Eros", die erotische Liebe, abhängig von der äußeren oder inneren Attraktivität des Gegenübers. Je attraktiver und schöner ich bin, desto mehr werde ich geliebt und begehrt. Wenn ich weniger attraktiv bin, werde ich automatisch weniger geliebt.

Allerdings beinhaltet das Wort „Eros" im Griechischen viel mehr als nur das Erotische. Es beschreibt jede Art einer „bedingten Liebe", einer Liebe, die abhängig ist von mir selbst. Das ist Liebe, wie sie in unserer Gesellschaft überwiegend praktiziert, gelebt und erlebt wird. Um in der Gesellschaft etwas zu gelten, müssen Sie attraktiv, dynamisch und erfolgreich sein. Sie müssen anderen beweisen, wie toll Sie sind und dass Sie etwas Besonderes sind. Wenn Sie das nicht tun oder sobald sie damit aufhören, bekommen Sie kein „Eros", keine Liebe dieser Art mehr.

Schon ein kleines Kind tut Dinge, um Liebe und Aufmerksamkeit zu gewinnen – oder glauben Sie, dass Kinder wirklich immer so nett und lieb sind, wie sie oftmals tun? Sicher nicht, sie tun oder lassen vieles, weil sie wissen, dass sie dadurch geliebt werden.

Wir alle kennen dieses Prinzip nur zu gut: Wenn ich eine gute Leistung bringe, werde ich geschätzt. Wenn nicht, dann kommt halt ein Besserer und der bekommt dann die Wertschätzung. Wenn ich mich attraktiv präsentiere, bekomme ich Aufmerksamkeit. Wenn nicht, dann tritt ein anderer an meiner Stelle ins Rampenlicht. Wenn ich mich hübsch mache, bin ich begehrt. Falls nicht, werde ich übersehen. Eros liebt, weil ich „liebens-wert" bin, weil ich es mir verdiene, geliebt zu werden. So funktioniert das Leben. Sobald unsere Leistung, unser Benehmen und unser Aussehen nicht mehr den Erwartungen unseres Gegenübers entsprechen, ist Schluss mit „Eros". Bedingte Liebe und Wertschätzung kommt schnell an ihre Grenzen, das ist die ernüchternde Realität des alltäglichen Lebens.

Manche glauben, dass auch Gott so ist. Wenn wir Gutes tun, mag er uns, wenn wir Böses tun, lehnt er uns ab. Aber der Möglichmacher „lässt die Sonne für Böse und Gute aufgehen und sendet Regen für die Gerechten wie für die Ungerechten" (Die Bibel, Matthäus 5,45). Er knüpft seine Liebe nicht an Bedingungen, sondern sagt von sich selbst: „*Ich bin* Liebe" (nach der Bibel, 1. Johannes 4,16). Wenn der Möglichmacher von sich spricht, dann ist damit nicht „Eros" gemeint, sondern eine ganz andere Art von Liebe, nämlich „Agape". Vielleicht klingt dieses Wort für Sie viel altmodischer und weniger attraktiv als Eros, denn es gehört nicht zum alltäglichen Sprachgebrauch. Aber seine Bedeutung und die Erkenntnis, dass der Möglichmacher so liebt, stellt das Leben eines Menschen komplett auf den Kopf. Das habe ich schon unzählige Male erlebt, unter anderem auch bei mir selbst.

Agape beschreibt eine bedingungslose Liebe. Der Möglichmacher sagt nicht: „Ich liebe dich, wenn du dieses oder jenes tust", sondern: „Ich bin Agape. Ich liebe immer und ausschließlich bedingungslos, weil ich die bedingungslose Liebe bin. Ja, ich kann nicht anders, als zu lieben."

Der Möglichmacher, der Gott, der sich selbst in der Bibel beschreibt und vorstellt, ist immer Liebe.

Er ist die Liebe, unabhängig davon, ob es mit Ihrer Welt bergauf oder bergab geht.

DER MÖGLICHMACHER IST DIE LIEBE, UNABHÄNGIG DAVON, OB ES MIT IHRER WELT BERGAUF ODER BERGAB GEHT.

Er ist die Liebe, unabhängig davon, ob Sie sagen „Das ist mir doch egal", oder „Ja, ich sehne mich nach bedingungsloser Liebe."

Er ist die Liebe, ob Sie das glauben oder nicht.

Agape-Liebe hat nichts damit zu tun, wie wir uns verhalten oder präsentieren, was wir glauben oder nicht. Ob ich diese Liebe annehme oder abweise, ändert nichts daran, dass der Möglichmacher die „Liebe in Person" ist. Liebe ist seine Essenz. Er allein ermöglicht das, was für jeden Menschen dieser Welt unmöglich ist: immer und in allem jeden bedingungslos zu lieben.

Doch genau deswegen ist er eben nicht der „liebe Gott", ein netter alter, verstaubter Mann mit langem Rauschebart, der irgendwo auf einer Wolke herumschwebt, ab und zu mal auf uns Menschen runterschaut und absolut nicht alltagsrelevant ist, sondern er ist das, was jeder Mensch sich sehnlichst erwünscht und überall sucht: bedingungslose Liebe ohne Ende.

Gott liebt Sie nicht, weil Sie so liebenswert sind, sondern weil er die Liebe ist. Er kann überhaupt nicht anders, als Sie und mich zu lieben. Weil er die Liebe ist – keine bedingte Liebe, sondern bedingungslose Liebe – deswegen sind Sie und ich unglaublich wertvoll.

Der Möglichmacher spricht Ihnen gerade in diesem Moment ganz persönlich zu: „Du bist wertvoll! Ausrufezeichen!"

Vielleicht schießt Ihnen jetzt sofort durch den Kopf: „Ja, aber ..."

Kein „Ja, aber ...": So ist es. Ob Sie diese Tatsache annehmen können oder nicht, am Wesen des Möglichmachers ändert es nichts. Weil Sie von ihm bedingungslos geliebt sind, sind Sie wertvoll. Ja, nicht nur wertvoll, sondern einzigartig, unbezahlbar, unverzichtbar und unersetzlich.

Der Unterschied zwischen diesen zwei Arten von Liebe, bedingter Liebe und bedingungsloser Liebe, ist so groß wie der Unterschied zwischen Tag und Nacht.

Stellen Sie sich zwei Männer vor. Beide wollen ihre Partnerin von ganzem Herzen lieben. Der eine davon ist immer sehr angespannt, wirkt besorgt, ist ängstlich und hoch motiviert, aber gestresst. Der andere strahlt eine unglaubliche Sicherheit aus, ist zuversichtlich, hoch motiviert und voller Freude dabei. Woher kommt der extreme Unterschied?

Der Mann, der immer unter Strom steht, will seine Partnerin lieben, *damit* er wahrgenommen, wertgeschätzt und geliebt wird. Vielleicht auch deswegen, damit er nicht von ihr verlassen wird. Das ist Eros. Der andere, der große Gelassenheit und Zuversicht ausstrahlt, will seine Partnerin lieben, *weil* er wahrgenommen, wertgeschätzt und geliebt ist. Weil er weiß, dass sie ihn niemals verlassen wird. Das ist Agape.

Sie tun von außen betrachtet dasselbe, aber die innere Haltung, das persönliche Empfinden und Bewusstsein sind komplett verschieden. Es sind zwei völlig unterschiedliche Beziehungen. Die erste Situation treibt einen in den Wahnsinn, weil Liebe und Wertschätzung komplett von einem selbst, dem eigenen Verhalten, dem Können und der Attraktivität abhängen. Die zweite Situation fördert das Leben, schenkt Raum, sich zu entfalten, und garantiert Freisetzung, weil Liebe und Wertschätzung einfach da sind und in logischer Folge einfach erwidert werden.

Diese Agape-Liebe des Möglichmachers klingt wie ein Traum, über den man nicht zu laut reden darf, weil er sonst zu zerplatzen droht wie eine Seifenblase. Aber diese Liebe ist kein Traum und auch kein bloßer Wunschgedanke. Der Wertverschaffer ermöglicht diese Liebe – immer. Ganz anders als ich.

Wenn ich mir vornehme, so zu lieben, stoße ich sehr schnell an meine Grenzen, selbst bei Menschen, die mir sehr nahestehen und die ich „über alles liebe". Als wir vor Weihnachten ein paar Familienbilder machen wollten, wie das in den USA so üblich ist, wurde mir das wieder bewusst. Meine Frau gab ihr Bestes, um das Ganze so reibungslos wie möglich mit einer siebenköpfigen Familie über die Bühne zu bringen. Zuvor gab es ein gutes Mittagessen und zu diesem Zeitpunkt konnte ich von ganzem Herzen sowohl über meine Frau als auch über meine Kinder sagen: Ich liebe euch bedingungslos.

Doch nach etlichen Versuchen, das perfekte Familienbild zu schießen, kam ich an meine Grenzen. Die Kinder hatten keine Lust mehr, alle waren genervt. Nur meine Frau ließ nicht locker und wollte unbedingt das perfekte Bild. Weg war sie, die Agape-Liebe. Keine Spur mehr von bedingungsloser Liebe – und das wegen so einer Kleinigkeit.

Die Liebe des Wertverschaffers ist gigantisch, lebensverändernd, richtet einen auf und lässt den Wunsch entstehen, diese Liebe aufzusaugen, zu erwidern und weiterzugeben. Immer wieder wird diese Art von Liebe auch sichtbar durch andere Menschen, aber eben nur punktuell.

Im Herbst hatte ich ein solches Erlebnis, das ich nie wieder vergessen werde. Um uns herum haben wir tolle Nachbarn. Einer von ihnen kennt auch den Möglichmacher und lebt seinen Alltag bewusst mit ihm. Unter anderem arbeitet er als Hausmeister und hat deswegen einen Rasenmähtraktor. Diesen bot er uns öfters an, um unser riesiges Grundstück zu mähen, nachdem er schmunzelnd zugeschaut hatte, wie ich mich mit unserem Schiebrasenmäher abplagte. Da ich nicht gern Dinge ausleihe, lehnte ich immer höflich ab.

Doch eines Morgens wollte ich noch „kurz" Rasen mähen, bevor wir mit ein paar Freunden und deren Kindern zu einem Fußballspiel aufbrechen wollten. Da die Zeit knapp war, sah ich den Rasenmähtraktor unseres Nachbarn als einzige Lösung, das Vorhaben noch vor dem Fußballspiel umzusetzen. Er war sichtlich erfreut darüber, dass ich sein Angebot endlich annahm.

Alles klappte wunderbar und es machte richtig Spaß, den Rasen mit dem Traktor zu mähen. Nach der Hälfte der Fläche machte der Traktor auf einmal ein komisches schleifendes Geräusch und mähte nicht mehr. Ich hielt an und es dauerte nicht lange, bis ich herausfand, was passiert war: Der Antriebsriemen für das Mähwerk war gerissen. Ich fühlte mich ziemlich schlecht – einmal ausgeliehen, schon kaputt!

Ziemlich frustriert und beschämt fuhr ich zum Nachbarn hinüber, um ihm das Unglück zu schildern. Seine Reaktion überraschte mich völlig. Er lächelte freundlich, war total hilfsbereit und scherzte ermutigend über einen Balkenmäher, den er mal ausgeliehen hatte, und von dem gleich das komplette Mähwerk abgefallen war. Er meinte: „Das hätte mir genauso passieren können!", und wollte den Riemen selbst kaufen und den Traktor reparieren. Das konnte ich natürlich nicht auf mir sitzen lassen und so einigten wir uns, dass ich den Riemen besorgen und er ihn dann montieren würde. Nach der Reparatur sagte ich mir: „Nie wieder werde ich irgendetwas ausleihen!"

Tage vergingen und der Rasen war nur zur Hälfte gemäht. Jedes Mal wenn ich den Nachbarn sah, bot er mir den Traktor wieder an und ich lehnte dankend ab. Ziemlich am Ende des Herbstes konnte ich das Rasenmähen jedoch nicht mehr länger hinausschieben. Der Nachbar bot mir den Traktor erneut an. Innerlich dachte ich: „Ach, eine halbe Stunde und die Sache ist erledigt, was soll schon passieren?!" Zögernd, aber dankbar nahm ich sein Angebot an. Ich mähte den Rasen fertig, alles ging gut. Gott sei Dank!

Da in unserer Einfahrt so viele Blätter herumlagen, entschloss ich mich dazu, den Grasfangkorb des Nachbarn zu holen und das ganze Zeug einfach aufzusaugen, anstatt es mühsam zusammenzurechen. Ich fuhr in unsere geschwungene Einfahrt, dicht neben der kleinen Mauer, an der die ganzen Blätter lagen. Langsam und hoch konzentriert kroch ich an diesem Mäuerchen entlang. Doch auf einmal stellte die Lenkung sich quer, es riss mir das Lenkrad aus der Hand, und bevor ich anhalten konnte, war der Traktor schon einen ganzen Meter an der Wand entlanggeschrammt. Ich hatte die vom Regen ausgewaschene Rinne direkt an der Mauer vergessen, da sie unter dem Laub begraben war. Nun war das komplette Lenkgestänge verbogen.

Vielleicht können Sie nachvollziehen, wie ich mich fühlte: Wie der größte Idiot! Zweimal ausgeliehen, zweimal kaputt. Ich wäre am liebsten im Erdboden versunken und dachte sofort: „Ich hab's doch gewusst. Hätte ich nur nicht …" Aber für diese Gedanken war es zu spät.

Wie ein Häufchen Elend fuhr ich den holpernden Traktor rüber zum Nachbarn, doch er war nicht zu Hause. Ich stellte den Traktor ab und ging zwei Stunden später wieder hinüber, um ihm die Tragödie zu erklären, doch er war immer noch unterwegs. Da ich abends eine Besprechung hatte, wollte ich direkt im Anschluss noch einmal bei ihm vorbeischauen, aber wie das halt so ist mit diesen Meetings, ich kam erst kurz vor Mitternacht nach Hause. Dort empfing mich meine Frau mit den Worten: „Unser Nachbar war hier, irgendetwas stimmt nicht mit seinem Traktor!"

Oh Backe, jetzt war er mir noch zuvorgekommen! Nach einer unruhigen Nacht klingelte ich früh morgens bei ihm. Freundlich grinsend öffnete er die Tür, mit einladenden Armen winkte er mich herein, bot mir eine Tasse Kaffee an und meinte dann nebenbei: „Jetzt erzähl mal, was passiert ist."

Kein Vorwurf. Kein genervtes: „Ach, hättest du nicht besser aufpassen können, du weißt doch, dass ich mit diesem Traktor mein Geld verdiene!" Nichts.

Nachdem ich geendet hatte, meinte er ruhig und mit einem freundlichen Lächeln: „Kein Problem. Ich werde den Traktor in die Werkstatt bringen, und du musst halt die Reparaturkosten übernehmen."

Sie können sich nicht vorstellen, wie erleichtert ich war. Ich habe so etwas noch nie so eindrücklich erlebt. Diese Begegnung war wie eine persönliche Begegnung mit

**SIE SIND WERTVOLL,
WEIL ER DIE LIEBE IST.**

dem Wertverschaffer, mit dem, der die Liebe ist. Eine absolut wertschätzende, freundliche und bedingungslose Liebe. Völlig überrascht, aber total ermutigt und mit erhobenem Kopf ging ich nach Hause.

Es gibt ein Stück Weltliteratur, das sehr bekannt ist, das sogenannte Hohe Lied der Liebe. Darin beschreibt der Wertverschaffer seine Liebe für Sie und mich sehr eindrücklich:

Die Liebe ist geduldig und freundlich. Sie ist nicht neidisch oder überheblich, stolz oder anstößig. Die Liebe ist nicht selbstsüchtig. Sie lässt sich nicht reizen, und wenn man ihr Böses tut, trägt sie es nicht nach. Sie freut sich niemals über Ungerechtigkeit, sondern sie freut sich immer an der Wahrheit. Die Liebe erträgt alles, verliert nie den Glauben, bewahrt stets die Hoffnung und bleibt bestehen, was auch geschieht. Die Liebe wird niemals aufhören
(Die Bibel, 1. Korinther 13,4-8).

So ist er, der Möglichmacher – der Wertverschaffer. Sie sind wertvoll, weil er die Liebe ist. Sie sind immer wertvoll, weil er immer die Liebe ist. Sie sind bedingungslos geliebt, weil er nicht anders kann und nicht anders will, als Sie zu lieben. Immer, jeden Tag, jede Stunde, jeden Moment Ihres Lebens, auch jetzt in diesem Augenblick.

Ob Sie das glauben oder nicht, ändert nichts daran, dass er die Liebe ist – aber es wird darüber bestimmen, wie Sie durchs Leben gehen.

14. DER
UNTERSCHIEDHERAUSSTELLER

„Der Mensch ist nicht so oder so, sondern er verhält sich so oder so in einem Kontext" – das war das Motto in einer erlebnispädagogischen Ausbildung, die ich vor einer Weile besuchte.

Damit sollte vermieden werden, dass ein Mensch den anderen aufgrund seines Verhaltens in einer Situation einfach in eine Schublade steckt. Unter anderem wurde dabei deutlich, dass jeder von uns unterschiedliche Seiten der Persönlichkeit in diversen Kontexten zeigt. Schubladendenken zu vermeiden, ist eine gute und wichtige Sache, denn unter Vorurteilen oder zu schnell gefällten Urteilen sind schon viele Menschen tief verletzt worden.

Vielleicht kennen Sie das noch von der Schulzeit. Da vergisst man einmal nach den Sommerferien die Hausaufgaben und sofort ist man für den Rest des Schuljahres in der Kategorie: schlampig, vergesslich, nachlässig.

Oder Sie haben es schon mal gewagt, etwas in der Firma zu hinterfragen oder konstruktives Feedback zu geben. Seitdem sagt jeder, wenn er von Ihnen spricht: „Ach der, der ist sowieso immer so negativ."

Wenn Sie ein schönes und teures Auto fahren und vielleicht auch noch im Anzug herumlaufen, dann sind Sie für viele sofort der „reiche arrogante Schnösel", und es ist nahezu unmöglich, wieder aus dieser Schublade herauszukommen.

Ich persönlich erlebe das immer wieder, wenn wir irgendwo mit unseren fünf Kindern hinkommen, da wird man sofort in eine Schublade gesteckt. Oftmals kam schon die Frage: „Habt ihr keine anderen Hobbys?"

Vorurteile tun weh und verhindern, dass Menschen ihr ganzes Potenzial entfalten können. Es ist immer gefährlich, einen Menschen anhand einer „Momentaufnahme" zu beurteilen, wenn man nicht den ganzen „Film" kennt. Um das zu vermeiden, sagt die moderne Pädagogik: „Der Mensch ist nicht so oder so, sondern er verhält sich so oder so in einem Kontext."

Das klingt zwar im ersten Moment sehr sympathisch, jedoch erschien mir dieser Satz irgendwie unvollständig. Jeder Mensch hat ja trotzdem eine bestimmte Persönlichkeit. Deswegen habe ich diesen anfänglich so einleuchtenden Satz noch ergänzt: „Der Mensch ist nicht so oder so, sondern er verhält sich so oder so in einem Kontext, weil er so oder so ist."

Warum verhalten wir uns irgendwie in irgendeinem Kontext? Ganz einfach, weil wir so sind. Aufgrund unserer Herkunft, Erziehung und Weltanschauung, unserer Erfahrungen und vielen anderen Einflüssen sind wir zu dem geworden, was wir sind.

Tatsache ist allerdings auch, dass es für mich als Mensch unglaublich schwer oder sogar unmöglich ist, einen anderen Menschen gut und richtig zu beurteilen. Denn selbst wenn man sich in einem bestimmten Kontext auf eine gewisse Weise verhält, heißt das noch lange nicht, dass man immer so ist. In der Diktatur des Relativismus haben wir mittlerweile Angst davor, anderen einen Spiegel vorzuhalten, Feedback zu geben und ehrlich zu werden. Der Humanismus hat uns an den Punkt gebracht, an dem es kein Richtig und Falsch mehr gibt (oder vielleicht besser: geben darf), an dem jeder seine eigene Wahrheit konstruiert und an dem jeder einfach so ist, wie er ist, ohne dass man dazu etwas sagen soll oder darf. Wer es trotzdem wagt, diskriminiert.

Wenn man davon ausgeht, dass ich als Mensch das Maß aller Dinge bin, dann gibt es so viele verschiedene Maßstäbe wie Menschen auf der Erde. Dann gibt es Milliarden von unterschiedlichen Spiegeln und jeder von uns spiegelt etwas anderes wider. Und da jeder Spiegel unterschiedlich ist und das eigene Spiegelbild in jedem anders reflektiert wird, ist es unmöglich zu sagen: Jemand ist so. Dann ist alles nur eine Frage der eigenen Perspektive des jeweiligen Spiegels, den man vor sich hat. Und damit endet die Menschheit an einem Punkt, an dem sie nicht mehr weiß, wie sie ist.

Dadurch ergibt sich für mich als Individuum das Problem, dass ich nicht mehr weiß, wie ich bin und wer ich bin, denn jeder Spiegel um mich herum spiegelt mir etwas anderes wider. Übrig bleibt eine verwirrte und richtungslose Gesellschaft.

Unsere westliche Weltanschauung sagt uns beständig: „Ein Leben ohne den Möglichmacher bedeutet Freiheit ohne Ende", aber das stimmt nicht. Es führt zu einem Ende ohne Freiheit. Verwirrung ist nicht befreiend. Richtungslosigkeit ist nicht befreiend. Und gefangen zu sein in endlosem Philosophieren ohne Klarheit und Wahrheit erscheint mir eher als Albtraum statt als tragfähige und vor allem sinnerfüllte Weltanschauung. Wo der Mensch sich als das „Maß aller Dinge" sieht, werden alle Dinge ohne Maß.

Wer kann uns überhaupt noch sagen, wer wir sind und wie wir sind? Wer hat einen Spiegel, der eben nicht einer von Milliarden ist, sondern der eine, der Klarheit schenkt? Einen Spiegel, der nicht nur subjektive Meinungen wiedergibt, sondern objektive und verlässliche Klarheit?

Der Möglichmacher hat ihn. Er gibt uns einen Maßstab, der real und relevant ist. Einen, der wahr und akkurat ist, der mir vor Augen führt, wie ich bin und wer ich bin. Den Spiegel, der mich vor Verwirrung und Richtungslosigkeit befreit. Sein Spiegel spiegelt die Realität wider.

Im folgenden Beispiel hält der Möglichmacher der gesamten Menschheit einen Spiegel vor. Jesus wurde von einem sehr erfolgreichen, etablierten und religiösen jungen Mann einmal angesprochen mit den Worten: „Guter Meister." Zur Antwort bekommt er den Spiegel des Möglichmachers vorgehalten: „Warum nennst du mich gut? Nur *der Möglichmacher* ist wirklich gut" (nach der Bibel, Lukas 18,18-19).

Bumm, das war damals wie ein Schlag ins Gesicht, und genauso fühlt es sich auch heute noch an. Gott ist etwas, das wir als humanistisch geprägte Menschen trotz größter Anstrengung und höchster Motivation niemals vollkommen sein werden oder sein können: Er, der Möglichmacher, ist gut. Nicht ziemlich gut, nicht beinahe immer gut, nein, er ist durch und durch gut. Das ist sein Wesen. Er tut nicht nur Gutes, er *ist* gut.

Das ist ein Spiegel, der uns einen großen Unterschied vor Augen führt: Er ist gut, wir Menschen sind es nicht. Wir tun im besten Fall viel Gutes, aber wir sind nicht durch und durch gut. Auch Kinder nicht.

Bei den GetAwayDays arbeite ich viel mit Pädagoginnen, Pädagogen und Einrichtungen zusammen, die mir hier sofort widersprechen würden. Wenn ich sie am Anfang der Woche frage, wie die Jugendlichen so miteinander umgehen, kommt häufig die Antwort: „Ach, ganz gut, wir sind begeistert davon, wie sie miteinander umgehen." Wenn ich dann die Jugendlichen selbst frage, höre ich nicht selten Berichte davon, wie es drüber und drunter geht und wie oft die Polizei vor der Einrichtung steht. Bei der gemeinsamen Woche gibt es dann häufig starke Konflikte unter den Jugendlichen und die große Preisfrage ist: Wie kann das sein, dass es sogar körperliche Auseinandersetzungen gibt, wenn der Mensch gut ist?

Keinem unserer Kinder musste ich beibringen, wie man

streitct, wie man lügt, wie man andere fertigmacht. Die konnten das alles von alleine. Irgendwie schien es in ihrer „Natur" zu liegen. Was dagegen meistens wirklich harte Arbeit ist, sind ganz praktische Umgangsformen für den Alltag, wie bitte und danke zu sagen, zu teilen, zu vergeben und um Vergebung zu bitten.

Wenn man einen Garten oder Acker hat und ihn einfach brachliegen lässt, was nimmt überhand? Was wächst auf natürliche Art und Weise am schnellsten? Das Unkraut oder die Früchte? Die Dornen oder die Blumen? Oder auf die menschliche Gesellschaft bezogen: Warum benötigen wir Gesetze, wenn wir doch behaupten, dass der Mensch gut ist? Warum haben Menschen Angst vor Einbrüchen, Überfällen und Diebstahl? Warum gibt es Kriege und warum müssen Menschen flüchten?

Wir sagen dann oft: „Ja die anderen", und denken innerlich „Wir sind ja besser, anders, zivilisierter." Aber ist das wirklich so oder ist es nur der krampfhafte Versuch, den Humanismus zu verteidigen und zu rechtfertigen?

Vielleicht sieht es bei Ihnen ganz anders aus, aber ich kann über mich selbst sagen: Tief in meinem Inneren bin ich nicht gut. Ich tue zwar viele gute Dinge und vielleicht erwecke ich sogar manchmal den Anschein, ich wäre ein guter Mensch, aber spätestens wenn mir etwas voll gegen den Strich geht, mir einer die Vorfahrt nimmt oder über meine Kinder lästert, da brodelt es innerlich. Da wird mir immer wieder neu bewusst, dass ich nach außen vorgeben kann, vieles zu sein, aber wenn ich tief in mich hineinschaue, muss ich gestehen: Ich bin nicht gut!

Der Glaube, dass der Mensch gut sei, ist eine nette Illusion. Der Alltag und die Welt, in der wir leben, belehren uns eines

Besseren. „Nobody ist perfect – my name is nobody"*, ist ein amüsanter Spruch, aber es ist eben nur ein Spruch mit wenig Realität. Wir sind nicht perfekt. Tief im Innersten sind wir nicht gut. Uns ist es unmöglich, fehlerlos den Alltag zu bestreiten. Jesus bringt es auf den Punkt: „Niemand ist gut, außer einer, der Möglichmacher." Was bei uns unmöglich ist, ist bei ihm möglich. Diesen Unterschied stellt er sehr deutlich heraus.

Bestimmt haben Sie schon von den Zehn Geboten gehört, der Basis für die Menschenrechte, unsere Verfassung und das Fundament unserer christlichen Kultur. Religiöse Menschen reden davon, dass es dem Möglichmacher wichtig ist, dass wir versuchen, diese Gebote (und noch viele mehr) einzuhalten. Aber der Möglichmacher sagt uns, wozu er uns all diese Gesetze und Gebote gegeben hat: „Je besser wir das Gesetz kennen, desto deutlicher erkennen wir, dass wir schuldig sind" (nach der Bibel, Römer 3,20).

Der Möglichmacher gab uns die Gebote nicht, damit wir krampfhaft versuchen, sie einzuhalten. Dabei werden wir im besten Fall zu religiösen Heuchlern, die nach außen hin gut erscheinen, innerlich aber nicht gut sind. Er gab uns diese Gebote als Spiegel – um den Unterschied deutlich zu machen, wie er ist und wie wir Menschen sind.

Wir sollen nicht lügen, weil er nicht lügt und jede noch so kleine Lüge das Gegenteil seines Wesens ist. Ich kenne niemand, der noch nie gelogen hat.

Wir sollen nicht töten, weil er das Leben ist und Leben zu beeinträchtigen oder sogar zu beenden genau das Gegenteil seines Charakters ist. Vermutlich haben Sie noch niemanden umgebracht, aber wie schnell tötet man mit Blicken oder Worten?

---

*   Niemand ist perfekt – mein Name ist „niemand".

Wir sollen nicht stehlen, weil er kein Dieb ist, sondern der Geber aller guten Dinge. Jede Art von Diebstahl oder Ausbeutung ist das Gegenteil von ihm.

Alle Gebote der gesamten Bibel sollen uns lediglich vor Augen führen, wie heilig, perfekt, rein, gut, makellos, verlässlich, treu, gerecht, wunderschön und herrlich der Möglichmacher ist – und wie wir leider nicht sind.

Das ist der Unterschied, deswegen hält Gott uns seinen Spiegel vor. Er ist gut, wir nicht, auch wenn wir vielleicht viel Gutes tun. Er ist ohne Fehler, wir sind es nicht, auch wenn wir versuchen, ein gutes moralisches Leben zu führen. Er ist die Liebe, wir sind es nicht, auch wenn wir uns darum bemühen. Der Möglichmacher ist Gott, wir sind Menschen. Er ist perfekt, umgangssprachlich könnte man sagen: „Er hat eine weiße Weste", wir nicht.

Haben Sie die vorangehenden Kapitel gelesen? Vielleicht haben Sie dann eine tiefe Sehnsucht verspürt nach diesem Möglichmacher. Nach seiner Liebe und Wertschätzung für Sie. Nach seinem Mut machenden Zuspruch und nach einem Gegenüber, das all Ihre Launen ertragen kann. Nach dem, der immer für Sie sorgt und der Ihnen einen Frieden schenken will, den Sie zwar nicht erklären können, der aber Ihren Alltag bestimmt.

Vielleicht haben Sie sich gefragt: Warum kenne und erlebe ich diesen Möglichmacher nicht, wenn er doch so genial ist, so präsent und so an mir interessiert? Warum erfahre ich das alles nicht in meinem Alltag, wenn er doch will, dass ich diese Eigenschaften von ihm erlebe?

Leider gibt es etwas, das uns davon abhält. Jeder Mensch ist einzigartig, er denkt, lebt und erlebt anders. Im Spiegel des Möglichmachers haben wir allerdings eine Sache gemeinsam: „Denn alle Menschen haben gesündigt – sie haben Böses getan, gesagt oder gedacht – und das Leben in der

Herrlichkeit des Möglichmachers verloren" (nach der Bibel, Römer 3,23).

Wenn der Möglichmacher von schuldig spricht, dann geht es nicht darum, wer besser und wer schlechter ist. Einen Schlechteren als sich selbst findet man immer. Es geht darum, dass vor ihm jeder schuldig ist. Wir haben das Leben in seiner Herrlichkeit verloren, das ist der Zustand, in dem wir uns befinden. Auch wenn es nur ein kleiner Fleck sein sollte auf der eigenen Weste, sie ist nicht weiß wie seine.

Alles, was wir denken, sagen und tun, das nicht ihm und seinem Charakter entspricht, ist Schuld in seinen Augen. Jeder schlechte Gedanke über einen anderen Menschen beschmutzt unsere Weste. Jedes lieblose Wort und jede Handlung, die nicht das Leben fördert, ermutigt und aufblühen lässt, beschmutzt unsere Weste. Und auch all das Gute, das wir tun könnten, aber nicht tun, beschmutzt unsere Weste.

Manche Menschen glauben, dass man die bösen Taten mit Gutem aufwiegen kann. Dabei würde dies im täglichen Leben auch niemand erwarten. Wenn Sie schwarzfahren, hilft es nichts, dem Kontrolleur zu erklären, dass Sie im Leben schon hundert Fahrkarten gelöst haben. Sie werden ein Bußgeld bezahlen müssen. Wenn Sie Ihr Kind anschreien und entmutigen, können Sie das nicht wiedergutmachen, indem Sie zu einer anderen Zeit etwas Nettes sagen. Wir können uns entschuldigen und unsere Kinder können uns verzeihen, aber die Verletzung ist dennoch geschehen.

Die Schuld hat uns dessen beraubt, wonach wir uns alle sehnen: ein Leben in der Herrlichkeit des Möglichmachers. Ein Leben in der Gegenwart dessen, der alles möglich macht.

Schuld ist ein unangenehmes Thema. Es ist uns so unangenehm, dass wir nach wie vor versuchen, diese Tatsache aus unserem Denken, Leben und Alltag zu verbannen. Deswegen gehen wir zuerst mal in den Verteidigungsmodus, wenn der Möglichmacher über dieses Thema spricht. Schuld wird erst dann offensichtlich und eindeutig, wenn er uns diese mit seiner unendlichen Schönheit, Reinheit und Perfektion vor Augen führt. Solange wir nur einander anschauen, wird uns unsere Schuld nicht so auffallen, schließlich sitzen wir alle im selben Boot. Schuld haben, schuldig werden und schuld sein gehören zu unserem Alltag dazu, aber wir verstecken sie oder verdrängen sie. Höchstens beim anderen entdecken wir sie und zeigen mit dem Finger auf ihn.

Vor Jahren hatte ich ein Erlebnis, das mir diese Tatsache verdeutlicht hat. Wir hatten damals einen Mitarbeiteraufenthaltsraum, in dem wir uns jeden Morgen trafen, um den Tag zu besprechen. Da es ein sehr bequemer Raum war, saßen die jüngeren Mitarbeiter immer mal wieder abends zusammen dort, aßen Pizza und schauten Filme.

An einem wunderschönen Wintermorgen war ich auf dem Weg zu diesem Raum. Die Luft war kristallklar und ich genoss es, diese Luft tief einzuatmen, so frisch und rein, einfach herrlich. Dann stand ich vor unserem Mitarbeiterzimmer, öffnete die Tür und kippte beinahe rückwärts aus den Schuhen. In diesem Zimmer herrschte ein bestialischer Gestank. Was war passiert?

Ein paar Mitarbeiter waren eingeschlafen, während sie einen Film schauten, und hatten die Pizza im Ofen vergessen. Erst als die Pizza schon beinahe brannte und der komplette Raum voll Qualm war, waren sie aufgewacht. Sie hatten zwar die Pizza entsorgt, den Ofen gereinigt, gelüftet und alle möglichen Dufterfrischer versprüht, aber dennoch war der schlechte Geruch noch da. Nun saßen wir bei der Besprechung alle in diesem Gestank. Nach einer Viertelstunde sagte einer: „Ach, so schlimm ist es ja gar nicht." Doch genau in diesem Moment kam ein weiterer Mitarbeiter zur Tür herein.

Man konnte an seinem Gesichtsausdruck erkennen, dass ihn beinahe der Schlag traf.

Dabei wurde mir Folgendes bewusst: Wenn man von der frischen Luft in diesen Raum trat, wurde einem beinahe übel. Wenn man aber lange genug dort saß, dann merkte man nicht einmal mehr, wie sehr es stank. So ähnlich geht es vielleicht Lehrern, die in ein Klassenzimmer voller Kinder kommen. Die Kinder wollen nicht lüften, weil es draußen so kalt ist und sie ihren Mief nicht mehr wahrnehmen, doch der Lehrer, der von draußen kommt, spürt den Unterschied deutlich.

So ist es auch mit Schuld. Sie ist ein Teil unseres Lebens und Alltags, wir kennen nichts anderes. Sie ist für uns „normal". Allerdings zeigt uns der Spiegel des Möglichmachers, dass er ganz anders ist. Frische klare, reine Luft. Er ist perfekt, gut, makellos, heilig.

Als ich siebzehn Jahre alt war, verließ ich mein Elternhaus aufgrund von Meinungsverschiedenheiten. Ich hatte in dieser Zeit kaum noch Kontakt zu meinen Eltern. Ich brach die Beziehung ab, weil meine Ansichten anders waren als ihre. Während dieser Zeit erlebte ich den Charakter meiner Eltern nicht mehr. Es war eine räumliche und emotionale Trennung da, ich verbrachte keine Zeit mehr mit ihnen, und deswegen war es mir auch unmöglich, persönlich daran teilzuhaben, wie sie sind (was mir zu diesem Zeitpunkt völlig egal war). Jahre später brachten wir die Beziehung wieder in Ordnung, ich wohnte teilweise sogar wieder zu Hause. Ab diesem Zeitpunkt konnte ich wieder erleben, wie meine Eltern sind.

Der Charakter eines Menschen wird nur dann real und vor allem persönlich erfahrbar, wenn Beziehung da ist. Ohne Beziehung ist es unmöglich, den anderen „live" zu erleben. Doch Schuld zerstört Beziehungen und durch unser Fehlverhalten gab es einen Beziehungsbruch zwischen Gott, dem Möglichmacher, und uns, den Menschen auf dieser Welt. Aus genau diesem Grund ist es uns Menschen unmöglich, den Möglich-macher zu erleben. Die Beziehung zwischen ihm und uns ging in die Brüche. Wir sind von ihm getrennt, weil uns unsere eigenen Wege und ein autonomes Leben wichtiger sind oder waren als die Beziehung zum Möglichmacher und sein guter Plan für unser Leben. Wir dachten oder denken noch immer: Wir wissen es besser.

Getrennt zu sein vom Möglichmacher ist das Furchtbarste überhaupt. Das sagt er selbst und das wird mir immer bewuss-ter, je mehr ich ihn persönlich erkennen, erleben und lieben lernen darf.

Waren Sie schon einmal unter einer Lawine begraben? Wahrscheinlich nicht. Aber vielleicht haben Sie sich schon einmal richtig im Sand einbuddeln lassen im Urlaub am Meer? Wir haben das als Kinder an der Nordsee gemacht und schnell festgestellt: Wenn man wirklich von Sand bedeckt ist, dann hat man keine Chance mehr, aus eigener Kraft herauszu-kommen. Bei einer Schnee-lawine ist es ähnlich. Wir haben bei Ausbildungen Versuche gemacht, bei denen nur gewisse Körperteile mit Schnee verschüttet wurden. Vor diesen Versuchen hatte ich immer geglaubt: „Kein Problem, wenn ich da verschüttet wer-de, grabe ich mich halt wieder frei." Aber sehr schnell musste ich feststellen, dass es völlig unmöglich ist, sich aus eigener Kraft zu befreien. Jeder von uns war auf Hilfe von außen an-gewiesen.

Getrennt zu sein vom Möglichmacher ist, wie im Sand be-graben zu werden. Jeder falsche Gedanke, jedes unehrliche

> **WIR SIND VON IHM GETRENNT, WEIL UNS UNSERE EIGENEN WEGE UND EIN AUTONOMES LEBEN WICHTIGER SIND ODER WAREN ALS DIE BEZIEHUNG ZUM MÖGLICHMACHER UND SEIN GUTER PLAN FÜR UNSER LEBEN.**

138

Wort, jede lieblose Tat ist wie ein großer Eimer Sand, der auf Ihnen liegt und lastet. Wenn Sie ein moralisch guter Mensch sind, dann sind es vielleicht nur drei Eimer Sand pro Tag, die dazukommen. Aufs Jahr gesehen sind das aber auch schon etwa tausend Eimer. In zehn Jahren wären das schon zehntausend Eimer Sand. Viel zu viel, um uns jemals wieder selbst zu befreien.

Ich bin kein moralisch guter Mensch. Ich bin oft ungeduldig, denke schlecht über Menschen, die anders ticken, und ich verhalte mich immer wieder lieblos sogar gegenüber meiner eigenen Frau und meinen Kindern (von anderen ganz zu schweigen). Ich weiß eins über mich: Schon nach einem Tag wäre ich verschüttet, ohne Chance, alleine jemals wieder rauszukommen.

Da liegen wir nun, völlig begraben unter unserer Schuld, die uns von der Gemeinschaft mit dem Möglichmacher trennt. Diese Schuld lastet so schwer und so massiv auf uns, dass es keine Möglichkeit gibt, sich mit menschlicher Anstrengung daraus zu befreien. Diese Schuld bringt schleichend, aber sicher den Tod.

Nur einer kann hier helfen: der Möglichmacher!

15. DER SCHULDVERGEBER

Ich hasse Religion. Warum? Weil Religion uns Menschen ir-remacht. Weil Religion immer dazu führt, dass wir Menschen uns vergleichen, um herauszufinden, wer besser und wer schlechter ist. Weil Religion der selbstzentrierte und völlig sinnlose Versuch ist, mich selbst zu rechtfertigen und mich selbst besser hinzustellen, als ich tatsächlich bin. Religion versklavt, setzt unter Druck, ermutigt Heuchelei und ist meiner Ansicht nach Müll.

Apropos Müll: Waren Sie schon einmal bei 30 Grad Celsius im Sommer auf einer Mülldeponie, um eine neunzigminütige Führung zu machen? Falls ja, dann ist das sicherlich in Ihrer Erinnerung geblieben. Falls nicht, dann will ich mal ein paar Eindrücke von so einer Führung schildern.

Eine Müllhalde stinkt furchtbar, vor allem wenn es so heiß ist und kein Wind geht. Es ist ein sehr hässlicher und trostloser Ort, denn überall liegen kaputte und nutzlose Dinge herum. Dinge, die ein paar Jahre vorher noch die Träume der Menschen waren, für die Tag und Nacht geschuftet wurde. Aber früher oder später landen sie alle dort, unsere Träume, auf der Müllhalde.

Es ist ein unangenehmer Ort, keiner würde auf die Idee kommen zu sagen: „Ach, komm, lass uns doch einen Kaffee zusammen trinken auf der Müllhalde." Auch wenn Jugendliche immer und überall chillen wollen und können, so habe ich noch keinen getroffen, der gern mal auf die Mülldeponie gegangen wäre, um zu chillen.

Eine Mülldeponie ist ein Ort, der immer weit weg irgendwo im Nirgendwo liegt, damit wir ihn nicht riechen und beständig vor Augen haben müssen. Es ist ein Ort, an den wir Menschen lieber nicht gehen, und trotzdem wäre ein Leben ohne ihn unmöglich, weil wir sonst in unserem eigenen Müll ersticken würden.

Ich war schon in Ländern, in denen Menschen im Müll leben. Die Auswirkungen sind katastrophal und sehr offensichtlich: Sie werden krank, Seuchen brechen aus, Keime und Bakterien bringen Menschen um. Es gibt kein echtes Leben in der Nähe von so viel Müll.

Schuld ist wie Müll. Wenn Menschen darin leben, werden sie krank, infizieren andere und werden angesteckt. Ganze Völkergruppen, Länder und Nationen siechen vor sich hin und sterben letztendlich. Leben im Müll führt immer zum Tod und zum Untergang. Der Möglichmacher nimmt da kein Blatt vor den Mund, sondern nennt das Kind beim Namen: „Denn der Lohn der Sünde ist der Tod" (Die Bibel, Römer 6,23).

Leben im Müll, Leben in Schuld, Leben unter Tonnen von Sand erdrückt uns und begräbt uns unter dunkler, schwerer und auswegloser Hoffnungslosigkeit – dem Tod. Wir Menschen brauchen eine Mülldeponie. Einen Ort, an dem wir den ganzen Dreck unseres Lebens abladen können. Einen Platz, an dem wir die Schuld, die uns von der Gemeinschaft mit dem Möglichmacher trennt, loswerden können.

Vielleicht haben Sie beim Lesen der vorangegangenen Kapitel gedacht: „Klingt gut, aber dies oder jenes finde ich auch woanders. Das kann mir auch jemand anderes geben, dafür brauche ich nicht zum Möglichmacher zu gehen!"

Doch spätestens hier ist Endstation. Kein anderer Mensch

kann Ihnen Ihre Schuld abnehmen. Ein Freund kann Ihnen verzeihen und Sie können an Ihrer Freundschaft festhalten, aber die Schuld selbst kann er Ihnen nicht wegnehmen. Auch Sie selbst können sich nicht wirklich ent-schuldigen, auch wenn das Wort dies suggeriert. Die Schuld bleibt.

Schuld hat die Beziehung zum Möglichmacher zerstört und aus eigener Kraft haben wir Menschen keinerlei Chance, das zu ändern. Wir sind begraben unter der Last unserer eigenen Schuld. Wir sind unsere eigenen Wege gegangen, doch diese Wege haben uns in eine Sackgasse geführt. Da hilft nichts, auch keine Religiosität.

Der Möglichmacher wünscht sich nichts sehnlicher, als dass alle Menschen ihn erleben und genießen können. Dass alle Menschen aller Nationen ihn persönlich kennenlernen und davon ergriffen sind, wie genial er ist. Er will nicht mehr, aber auch nicht weniger, als dass alle Menschen umkehren und rauslaufen aus der Sackgasse, anstatt bis zum bitteren Ende weiterzugehen.

Das bittere Ende – das klingt so brutal und endgültig. Genau das ist es auch. Da der Möglichmacher absolut perfekt ist, ist er auch absolut gerecht. Jetzt denken Sie vielleicht: „Super, dann werden endlich all die Kinderschänder, all die Mörder und all die Kriegstreiber verurteilt und bestraft!"

Ja, das stimmt, das werden sie. Aber der Möglichmacher wird nicht nur Verbrechen richten, sondern alles, was er als Schuld ansieht, auch wenn es aus unserer Sicht nicht so schlimm gewesen ist.

Das Ende der Sackgasse ist der Moment, in dem ein Mensch, der ohne die Gemeinschaft mit dem Möglichmacher unterwegs war, vor dem Möglichmacher steht, um für all sein Tun und Nicht-Tun Rechenschaft abzulegen. Hier beginnt die Ewigkeit, das Leben nach dem Tod. Und wer am Ende der Sackgasse angekommen ist, wird die Ewigkeit ohne die

Gemeinschaft mit dem Möglichmacher verbringen. Eine endlose Zukunft, in der jegliche Gegenwart, jeglicher Charakterzug und jegliches Eingreifen des Möglichmachers für immer fehlen. Dunkelheit und Schrecken ohne Ende.

Aber der Möglichmacher wäre nicht der Möglichmacher, wenn er dafür keinen Ausweg hätte! Er hat uns Menschen eine Müllhalde zur Verfügung gestellt, an der wir all die Schuld unseres Lebens, der Vergangenheit, der Gegenwart und der Zukunft einfach abladen können, um zurückzukommen in seine Nähe und Gegenwart. Aus dieser Müllhalde ragt etwas hervor, das wir alle kennen. Es ist das Symbol, das einst jedes Klassenzimmer in Deutschland schmückte, aber heute, wenn irgendwie möglich, abgehängt und versteckt wird im Namen der Toleranz. Es ist das Symbol, das schon unzähligen Menschen Zugang zu göttlicher Kraft verschafft hat und es ist gleichzeitig der Stolperstein für alle religiösen Menschen, der Stein des Ärgernisses für alle Humanisten und der Grabstein für alle, die nicht allein auf diesen einen Ausweg aus der Sackgasse des Möglichmachers vertrauen.

Ich spreche vom Kreuz. Über dieses Kreuz sagt Paulus im Buch des Möglichmachers: „Ich weiß, wie unsinnig die Botschaft vom Kreuz in den Ohren derer klingt, die verloren gehen. Wir aber, die wir gerettet sind, erkennen in dieser Botschaft die Kraft Gottes" (Die Bibel, 1. Korinther 1,18).

Das bedeutet: Die Botschaft vom Ausweg des Möglichmachers, dem Kreuz, klingt für Menschen, die bis zum bitteren Ende in die Sackgasse laufen, wie völliger Blödsinn. Denen aber, die umkehren, um aus der Sackgasse herauszulaufen, und ihr Vertrauen allein auf das Kreuz setzen, eröffnet es den Zugang zur Kraft des Möglichmachers, der die Schuld vergibt.

Das Kreuz ist nicht nur ein Symbol, sondern es ist der Ort, an dem der Möglichmacher das ermöglicht hat, was jedem

Mensch aus eigener Kraft völlig unmöglich ist: Er hat Versöhnung geschaffen zwischen schuldigen, von ihm getrennten Menschen und sich selbst.

Wer irgendetwas mit anderen Menschen zu tun hat, der weiß, wie wichtig Versöhnung in zwischenmenschlichen Beziehungen ist. Ohne Versöhnung gibt es keine Beziehung.

Immer wieder haben wir bei den GetAwayDays Gruppen mit unterschiedlichsten Nationalitäten. Das sorgt manchmal für Reibungen. In einer Gruppe schien es die ersten Tage so, als würde das Miteinander gut funktionieren. Immer wieder kam es zu kleineren Spannungen, aber jeder schaffte es, sich davon nicht irritieren zu lassen, und so erlebten wir als „große glückliche Familie" viele gemeinsame Abenteuer.

Eines Nachmittags spielten wir für zwei Stunden Fußball. Die Jungs waren richtig scharf darauf, war es doch endlich mal wieder etwas, das innerhalb der eigenen Komfortzone lag. Das Spiel verlief gut und auch relativ fair, obwohl jeder energisch versuchte, zu gewinnen. Unsere Mannschaft war gerade wieder in der Offensive, als ich aus dem Augenwinkel wahrnahm, wie zwei Jugendliche aufeinanderzurannten, sich in unterschiedlichen Sprachen anbrüllten und anfingen, wild aufeinander einzuprügeln, mit harten und gezielten Schlägen direkt ins Gesicht. Schon nach Sekunden bluteten beide stark und wir hatten alle Mühe, die zwei auseinanderzubringen.

Als das gelungen war, herrschte erst einmal Totenstille. Keiner sagte ein Wort, hörbar war nur noch der rasselnde Atem etlicher Jungs. Was nun?

Nach einer Weile ergriff ich das Wort. Ich wollte herausfinden, was überhaupt los gewesen war. Lautes Durcheinanderschreien und Schuldzuweisungen waren das Resultat. Ich merkte schnell, dass das alles nichts bringen würde und fragte: „Was machen wir jetzt? Wir sind hier als eine Gruppe, wir gehören zusammen und machen alles zusammen, wie sollen wir ab jetzt weitermachen?"

Langes Schweigen folgte. Schließlich sagte einer: „Die zwei müssen sich jetzt halt aus dem Weg gehen. Wir müssen die Gruppe zweiteilen oder einer der zwei kann nicht bei den Aktionen dabei sein."

Ich erklärte, dass das keine Option sei. Entweder würden wir alle zusammen weitermachen oder alle zusammen nach Hause fahren. Danach herrschte wieder eisiges Schweigen. In dieses Schweigen hinein fragte ich: „Was braucht es denn, damit wir wieder gemeinsam weitermachen können?" Daraufhin fing jeder an, vor sich hinzumurmeln, und es war schnell klar, dass es für die Jungs völlig unmöglich erschien, aus dieser Situation etwas zu machen.

Die Beziehung war zerbrochen. So zu tun, als ob nichts passiert wäre, war zwar eine Option für sie, aber stellte das Miteinander nicht wieder her, deswegen war es letztendlich doch keine Option.

Irgendwann sagte einer: „Die zwei müssen sich versöhnen, das ist die einzige Chance!" Damit hatte er den Nagel auf den Kopf getroffen. Versöhnung, das ist es, was es braucht, wenn eine Beziehung zerbrochen ist, aus welchem Grund auch immer. Ohne Versöhnung gibt es keine Beziehung mehr.

Und genau dafür steht das Kreuz – für Versöhnung zwischen dem Möglichmacher und den Menschen.

Doch was passierte am Kreuz? Der Möglichmacher beschreibt es so:

„Er (Jesus) wurde verachtet und von den Menschen abgelehnt – ein Mann der Schmerzen, mit Krankheit vertraut, jemand, vor dem man sein Gesicht verbirgt. Er war verachtet und bedeutete uns nichts. Dennoch: Er nahm unsere Krankheiten auf sich und trug unsere Schmerzen. Und wir dachten, er wäre von Gott geächtet, geschlagen

und erniedrigt! Doch wegen unserer Vergehen wurde er durchbohrt, wegen unserer Übertretungen zerschlagen. Er wurde gestraft, damit wir Frieden haben. Durch seine Wunden wurden wir geheilt!" (Die Bibel, Jesaja 53,3-5; Ergänzung durch den Autor).

Der Möglichmacher selbst kam in Jesus auf diese Erde, um am Kreuz für die Schuld der gesamten Menschheit zu bezahlen. Er selbst hat in Jesus alle Strafe für alle Schuld auf sich genommen, damit jeder Mensch mit Gott Frieden haben und in einer Beziehung mit dem Möglichmacher leben kann. Damit wir endlich wieder mit „reiner Weste" in die Gegenwart des Möglichmachers kommen können, weil unsere Weste reingewaschen wurde durch den Tod von Jesus am Kreuz.

Das Kreuz ist die Müllhalde Gottes, zu der jeder Mensch kommen und allen Müll und alle Schuld abladen kann, um nicht mehr darunter begraben zu werden und zugrunde zu gehen. Der Möglichmacher kam in Jesus zu uns auf die Erde, um uns „freizuschaufeln" aus der Lawine unserer Schuld, die uns völlig begraben hat.

DER MÖGLICHMACHER KAM IN JESUS ZU UNS AUF DIE ERDE, UM UNS „FREIZUSCHAUFELN" AUS DER LAWINE UNSERER SCHULD, DIE UNS VÖLLIG BEGRABEN HAT.

Dafür steht das Kreuz, dass der Möglichmacher in Jesus das ermöglichte, was kein Mensch auf der Erde möglich machen kann: Versöhnung mit Gott!

Deswegen sagt Jesus bei seinem Tod am Kreuz: „Es ist vollbracht!" (Die Bibel, Johannes 19,30). Das Werk des Möglichmachers ist fertig, komplett, es gibt nichts mehr, was jemals ein Mensch dazu tun könnte. Der Möglichmacher ist der Schuldvergeber. Nur er allein, sonst niemand.

Viele Menschen haben im Laufe der Geschichte versucht, zu beschreiben, was am Kreuz passiert ist und was das für uns

Menschen bedeutet. „Der Balken vom Kreuz macht aus deinem Minus ein Plus", sagen viele. Eine wunderbare Aussage. Durch das Werk des Möglichmachers kann ich als Mensch, der getrennt war von Gott, wieder in der Gemeinschaft mit Gott leben – hier auf der Erde und über dieses Leben hinaus. Ich laufe nicht mehr hoffnungslos in die Sackgasse, sondern gehe aus der Sackgasse heraus in die Weite. Ich lebe nicht mehr mit einer toten Hoffnung, sondern mit einer lebendigen Hoffnung. Ich muss nicht mehr krampfhaft versuchen, religiös und ein besserer Mensch zu sein, sondern kann annehmen und erleben, dass sein Tod für mich am Kreuz genug war, ist und immer sein wird.

Ein amerikanischer Theologe sagte einmal: „The cross is I crossed out." – Das Kreuz ist ein I (beziehungsweise ein Ich), das durchgestrichen wurde. Damit tun wir uns schwer. Es geht nicht mehr um mich und darum, was ich tun kann oder auch nicht – es geht allein um das Werk des Möglichmachers am Kreuz. Es geht nicht mehr um: „Ich gebe mein Bestes für ihn", sondern um: „Er gab sein Bestes für mich."

Wo der Mensch sich selbst in den Mittelpunkt stellt, gibt es für das Kreuz keinen Raum. Solange ich mir einbilde, mich selbst aus der Lawine oder dem Sandhaufen befreien zu können oder noch nicht einmal bemerkt habe, dass ich verschüttet bin, werde ich mir keine Gedanken über das Kreuz machen. Solange Sie einfach Ihr Leben leben, ohne dem Möglichmacher zuzuhören, wird Ihnen die Botschaft vom Kreuz völlig blödsinnig erscheinen.

Doch jeder Mensch, der dem Möglichmacher zuhört und auf sein Werk am Kreuz vertraut, wird ein komplett anderes Leben haben, weil er auf einmal in Verbindung mit dem Möglichmacher selbst steht.

Versöhnung schafft Beziehung. Aber beziehungsschaffende Versöhnung hat immer zwei Bestandteile: Auf der einen

Seite braucht es jemand, der Versöhnung anbietet. Auf der anderen Seite braucht es ein Gegenüber, das darauf reagiert.

Als wir nach der Schlägerei während des Fußballspiels zusammensaßen und einer der Jungs sagte: „Die zwei müssen sich versöhnen, das ist die einzige Chance!", geschah etwas Unvergessliches: Viele konnten mit diesem Begriff „Versöhnung" nicht viel anfangen. Also sprachen wir erst ein paar Minuten darüber, was das bedeutet. Versöhnen bedeutet ja nicht, einfach alles zu vergessen – das geht nämlich nicht. Versöhnung anzubieten bedeutet, dem anderen eine neue Chance zu geben und das Vorgefallene nicht mehr gegen ihn zu benutzen und ihm nicht mehr nachzutragen.

Während wir dort saßen und darüber redeten, streckte plötzlich einer der zwei Schläger dem anderen seine Hand entgegen und sagte: „Also, ich bin bereit, mich zu versöhnen. Nimmst du mein Angebot an?" Wir alle waren sehr überrascht, so eine Reaktion hätte keiner erwartet. Gespannt schauten wir auf sein Gegenüber, der mit blutender Lippe dasaß und in dessen Kopf es gerade rauchte. Für eine ganze Weile starrte er auf die ausgestreckte Hand, aber schließlich nahm er diese und sagte: „Alles klar, ich nehme dein Angebot der Versöhnung an."

Das war ein Moment! Dieser Moment wurde zu einem Auslöser von ganz vielen Versöhnungsgeschichten auf diesem Camp. Viele der Jugendlichen hatten Dinge, die zwischen ihnen standen. Immer wieder waren sie aneinander schuldig geworden, Beziehungen waren zerbrochen oder auf Eis gelegt worden. Jetzt baten sich diese jungen Männer unter Tränen um Vergebung, versöhnten sich und Freundschaften entstanden, die das Leben in der Einrichtung bis heute prägen.

Genial. Aber ohne Versöhnung unmöglich. Der Möglichmacher selbst ist der Schuldvergeber. Er ermöglichte in Jesus am Kreuz das, was für uns Menschen völlig unmöglich ist: Versöhnung zwischen einem fehlerhaften Menschen und dem einzig wahren und lebendigen Gott. Sein Angebot der Versöhnung mit ihm steht, immer und jederzeit, auch für Sie.

Sie haben nur zwei Möglichkeiten. Entweder Sie versuchen selbst, mit Ihrer Schuld umzugehen, finden Ausreden, um dem ganzen Thema aus dem Weg zu gehen, weil es unangenehm ist. Aber letztendlich werden Sie doch damit konfrontiert werden, weil es eben eine Sackgasse ist.

Oder Sie gehen zur Müllhalde und laden die ganze Schuld Ihres Lebens einfach ab, an dem einen Ort, den Ihnen der Möglichmacher anbietet: das Kreuz. Der einzige Ort, an dem Versöhnung möglich ist zwischen Möglichmacher und Mensch. Zwischen Gott und Ihnen.

Das ist die Lösung des Schuldvergebers. Eine andere gibt es nicht.

16. DER LÖSUNGSANBIETER

Im letzten Kapitel haben Sie mehrmals einen Namen gelesen, den sie ziemlich sicher schon gehört haben, mit dem Sie vielleicht aber noch weniger anfangen können als mit dem Namen Gott: Jesus.

In der Tat, dieser Name erhitzt nach wie vor viele Gemüter. Er hat schon immer für Irritation gesorgt und er wird es mit großer Sicherheit auch weiterhin tun. Solange man über Gott spricht, über christliche Werte und christliche Ethik können viele Menschen noch irgendwie mitgehen. Aber wenn es dann um Jesus geht, da „scheiden sich die Geister" im wahrsten Sinn des Wortes.

Ein guter Freund von mir, mit dem ich schon viele Male zusammengearbeitet habe, sagte einmal: „Wir Christen reden nicht nur über Gott, unser Gott hat einen Namen: Jesus Christus!"

Dieser Jesus hat viel Unruhe verursacht, als er auf der Erde lebte, weil er sich ständig anders verhielt, als die religiösen Leute es von ihm erwarteten. Er überraschte die damalige Bevölkerung mit Sätzen wie: „Denn wenn ihr mich seht, seht ihr den, der mich gesandt hat" (Die Bibel, Johannes 12,45). Und Jesus war so anders, als sich die meisten Menschen Gott in ihren Köpfen zusammengeschustert hatten.

So war das damals, und heute hat sich daran nichts geändert. Ja vielleicht ist es mehr denn je so, das Jesus Christus

Menschen verunsichert, verärgert und vor den Kopf stößt. Über diesen Jesus sagt der Möglichmacher: „Denn *ich habe* die Welt so sehr geliebt, dass *ich* meinen einzigen Sohn hingab, damit jeder, der an ihn glaubt, nicht verloren geht, sondern das ewige Leben hat" (nach der Bibel, Johannes 3,16). Jesus ist die Lösung des Möglichmachers auf unser menschliches Problem, die Schuld, die uns vom Möglichmacher trennt.

In meinem Leben habe ich schon mit sehr vielen Menschen über den Möglichmacher gesprochen. Sobald ich seine Liebe zu uns Menschen erwähnte, wurden viele beinahe aggressiv und meinten, dass sie von dieser Liebe hier in der Welt nicht viel sehen würden und dass dieser Möglichmacher seine Liebe zu ihnen erst mal beweisen solle. Das kann ich nachvollziehen. Über Liebe zu reden ist eine Sache, zu lieben und Liebe zu zeigen ist eine ganz andere.

Ich kann meiner Frau ständig sagen, dass ich sie liebe, aber wenn das nicht irgendwie sichtbar und greifbar für sie wird, dann wird sie mir das nach einer Weile nicht mehr glauben. Ihr ist es wichtig, dass ich ihr auch zeige, dass ich sie liebe. Eine schöne Blume oder ein ganzer Strauß davon, eine gute Tafel Schokolade oder ein von mir organisiertes Wochenende ohne unsere Kinder, das ist für sie der Beweis, dass ich sie liebe.

Solange Liebe nur ein Wort bleibt, ist es zwar nett, darüber zu reden, aber es verändert nichts im Alltag. Wenn Liebe zur Tat wird, dann stellt sie den Alltag auf den Kopf. Wenn ich meinen Nachbarn einen guten Morgen wünsche, dann ist das nett. Wenn ich sie mal zum Kaffeetrinken einlade, dann ist das schon sehr nett. Wenn ich ihnen mal bei etwas helfe trotz ständig fehlender Zeit, dann wäre das aus meiner Sicht schon ein großer Liebesbeweis.

Mein eigenes Leben würde ich jedoch wahrscheinlich nicht für das Wohl meiner Nachbarn aufs Spiel zu setzen.

Das würde ich nur für meine Frau, meine Kinder, meinen besten Freund und vielleicht noch ein paar andere tun – und das wäre für mich wirklich der größte Liebesbeweis, den ich geben könnte.

Was ich mir absolut nicht vorstellen kann, ist, das Leben meiner Kinder aufs Spiel zu setzen für irgendetwas oder irgendwen. Da würde ich schon lieber selbst sterben, um das Leben meiner Kinder zu erhalten – spätestens, wenn es um das Leben meiner Kinder geht, ist Schluss mit Liebe.

Der Möglichmacher ist ganz anders: Er gab uns als Beweis seiner Liebe zu uns seinen Sohn Jesus. Jesus ist der Beweis von Gottes bedingungsloser Liebe zu Ihnen. Das ist echte Agape-Liebe (wie in Kapitel 13 beschrieben)! Er liebt Sie so sehr, dass er bereit war, seinen einzigen Sohn am Kreuz sterben zu lassen, damit das für Menschen Unmögliche möglich wird: Ein schuldiger Mensch kann mit Gott versöhnt in Gemeinschaft leben, hier und jetzt und bis in alle Ewigkeit!

Jesus ist der größte Liebesbeweis des Möglichmachers an die gesamte Menschheit, und er ist gleichzeitig auch die einzige Lösung auf unser selbst verursachtes Problem, die Trennung vom Möglichmacher, von der ich im letzten Kapitel geschrieben habe. Aus dem Zustand, in dem wir uns von Geburt an befinden.

In diesem Buch habe ich von vielen persönlichen Erfahrungen und Überzeugungen erzählt, deswegen ist es mir wichtig, zu betonen, dass das, was Jesus von sich selbst sagt, nicht meine subjektive Meinung ist, sondern die universale Lösung des Möglichmachers, die objektive Wahrheit. Dieser Jesus behauptet von sich selbst: „Ich bin der Weg, die Wahrheit und das Leben. Niemand kommt *zum Möglichmacher* außer durch mich" (nach der Bibel, Johannes 14,6). Das ist eine wirklich extreme Aussage. Jesus ist der Weg zum Möglichmacher!

Oft hört man den Satz: „Der Weg ist das Ziel." Das klingt

sehr nett und tolerant, ist aber nicht sehr hilfreich, wenn es um den Weg zum Möglichmacher geht. Denn wenn der Weg das Ziel ist, dann gibt es auf diesem Weg, welcher auch immer das sein mag, kein klar definiertes Ziel. Vielleicht endet der Weg im Nirgendwo oder in einer Sackgasse, eventuell auch in einer Kreuzung. Ich würde nie in eine Richtung gehen, um „einfach nur unterwegs" zu sein, außer vielleicht als Zeitvertreib, als Spaziergang, dann ist wirklich der Weg das Ziel. Aber normalerweise gehe ich in eine Richtung, weil ich ein Ziel vor Augen habe und dort ankommen will.

Überall im Alltag versuchen wir, zielorientiert zu leben. Wenn wir ins Auto, in den Zug oder ins Flugzeug steigen, dann ganz sicher nicht, um einfach unterwegs zu sein. Das wäre reine Zeitverschwendung. Wir begeben uns auf einen Weg, um an ein Ziel zu kommen.

Ein weiterer Satz, den ich sehr oft höre, ist folgender: „Alle Wege führen nach Rom." Das mag im Römischen Reich so gewesen sein, aber zum Möglichmacher gibt es nur einen Weg: Jesus. Er ist die Lösung für alle Menschen. Für Areligiöse, für Atheisten, für evangelische und katholische Christen, für Muslime, Hindus, Buddhisten, Naturvölker und alle anderen. Er ist der Weg zu Gott, dem allmächtigen und liebenden Vater im Himmel. Jesus ist der einzige Weg, der Weg zum Ziel, so sagt es der Möglichmacher in diesem Bibelvers.

Die gleiche Chance für alle Menschen, wie genial ist das denn! Das ist doch etwas, wovon wir häufig reden und träumen, was aber auf der Erde nie so sein wird, weil wir Menschen eben so sind, wie wir sind.

Als Jesus geboren wurde, sprach der Engel: „Habt keine Angst! Ich bringe eine gute Botschaft für alle Menschen!" (Die Bibel, Lukas 2,10). Das ist die beste Botschaft der Welt: die gleiche Chance für alle Menschen. Bei Jesus wird dieser Satz Wirklichkeit. Es ist egal, wie gut ich bin, wie ich aussehe oder woher ich komme, was ich glaube oder nicht glaube. Bei Jesus ist es völlig egal, wie erfolgreich ich war und bin oder wie sehr und oft ich versagt habe und immer wieder versage.

Spätestens hier merkt vielleicht der eine oder andere, dass wir das letztendlich gar nicht wollen. Gleiche Chancen für alle, wo kämen wir denn da hin? Schließlich haben wir uns unser Leben hart erarbeitet, und das sollen die anderen gefälligst auch tun. Warum sollten sie es leichter haben als wir?

Beim Möglichmacher ist das alles völlig irrelevant, denn Jesus ist der einzige Weg zu ihm. Diese Botschaft ist einzigartig, weil sie die einzige frohe Botschaft für jeden Menschen ist. Jede andere Botschaft bringt automatisch Positives für die einen und Negatives für die anderen mit sich.

Ich kann mich noch gut an die Fußball-WM im Sommer 2014 erinnern. Ich saß als einziger Deutscher in einer kleinen Kneipe in Österreich, als Deutschland das Finale gegen Argentinien spielte und gewann. Für mich und viele Deutschlandfans war es eine frohe Botschaft – für die Argentinier und die Österreicher in dieser Kneipe war es eine schlechte Botschaft.

Als die Welt Ende 2016 erfuhr, dass Donald Trump der 45. Präsident der Vereinigten Staaten werden wird, war das für viele Amerikaner eine frohe Botschaft – endlich mal jemand, der anders ist als die „normalen Politiker". Für einen großen Teil der Weltbevölkerung war es jedoch eine Botschaft, die zum Schock des Jahres wurde und ihnen Tränen der Verzweiflung in die Augen trieb.

Jede Botschaft hat ihre Sonnen- und Schattenseiten, außer die eine: Jesus ist die frohe Botschaft an jeden Menschen. Er allein ist der Weg zu Gott.

Viele sagen, diese Ansicht wäre engstirnig, altmodisch, arrogant und diskriminierend, aber das ist sie nicht.

Wir sind heute überfordert mit der Fülle der Möglichkeiten in allen Bereichen des Lebens und mit dem Überangebot von subjektiven Wahrheiten. Deswegen „eiern oder driften" immer mehr Menschen völlig richtungslos durchs Leben. Wir sehnen uns nach Richtung, nach einem Weg, der tatsächlich auch zum Ziel führt und nicht irgendwohin.

„YOLO – you only live once"* ist das Motto vieler (junger) Menschen. Sie nehmen es oft als Anlass, um Dinge zu tun, die nicht unbedingt ratsam sind. Aber in seiner Grundaussage finde ich dieses Motto genial, weil ich weiß, dass mein Leben und meine Energie nicht auf meinem oder irgendeinem Weg im Nichts verpuffen oder im Nebel verschwinden werden. Ich lebe einmal, und zwar richtig, weil ich weiß, wohin ich gehe. Ich kenne das Ziel und Jesus Christus ist der Weg dorthin.

Arrogant mag es vielleicht klingen in unserer humanistisch geprägten Gesellschaft, aber auch nur auf den ersten Blick. Wenn man sich die Zeit nimmt, genauer hinzuschauen und den Möglichmacher zu „suchen", wird man herausfinden, wie unvergleichlich genial Jesus ist.

Diskriminierend ist es sicher nicht, denn schließlich bietet Jesus jedem die gleiche Chance, niemand ist ausgeschlossen, alle sind eingeladen, diesen Weg zu gehen. Jeder, der „diesen Weg" betritt, wird unabhängig von sich selbst und allen äußeren Umständen ans Ziel kommen, weil Jesus der Weg ist.

Jesus ist die Wahrheit, die einzige Wahrheit, die nicht subjektiv, sondern objektiv ist. Er ist die Wahrheit, die nicht ständig, je nach Zeitalter und Umfeld, neu konstruiert und erfunden wird. Er war, er ist und er wird immer sein, das sagt uns der Möglichmacher. Er ist das Fundament, das immer trägt, auch wenn alles und jeder andere einstürzt, wegfällt, umfällt, sich verändert oder sogar stirbt.

---

*   Du lebst nur einmal.

Jesus ist die einzige Chance, um Anteil zu haben an dem, der mehr ist als all das, was wir uns im tiefsten Inneren ersehnen: dem Möglichmacher. Er ist die Lösung Gottes, um uns zu ermöglichen, wozu wir bestimmt sind: Die Gemeinschaft mit dem wunderbaren Möglichmacher zu genießen und darin lebendig zu werden, ansatzweise und bruchstückhaft hier auf der Erde und in vollem Ausmaß in der Ewigkeit bei ihm im Himmel.

Im vorherigen Kapitel habe ich einige sehr harte Worte des Möglichmachers zitiert: „Denn der Lohn der Sünde ist der Tod …"

Das ist zwar die volle Wahrheit, aber – Gott sei Dank – nur die halbe Botschaft. Denn nach diesem ernüchternden Beginn des Satzes bietet uns der Möglichmacher das größte Geschenk aller Zeiten an:

„… das unverdiente Geschenk *des Möglichmachers* dagegen ist das ewige Leben durch Christus Jesus, unseren Herrn" (nach der Bibel, Römer 6,23).

Jesus ist das Geschenk des Möglichmachers an Sie und mich. Was Sie mit dem Geschenk machen, ist völlig Ihnen überlassen. Ein wirkliches Geschenk, das aus perfekter Liebe, grenzenloser Güte und vereinnahmender Freundlichkeit angeboten wird, kann man niemand aufzwingen oder überstülpen.

WIR LEBEN IM ZEITALTER DER INFORMATION, ABER WIR WERDEN SO ÜBERSCHÜTTET MIT INFORMATIONEN, DASS ES BESTÄNDIG PASSIERT, DASS DAS WICHTIGSTE IN ALL DEM ANDEREN UNTERGEHT: DER WEG ZUM ZIEL.

Ich selbst habe dieses Geschenk – Jesus – persönlich angenommen. Das ist der Grund, warum ich dieses Buch schreibe. Niemand soll diese wunderbare, freisetzende und alles neu machende Botschaft vorenthalten werden. Wir leben zwar im

Land der Reformation, aber es wird wieder Zeit, dass Menschen hören, lesen, sehen und erleben, was das größte Geschenk aller Zeiten war, ist und immer sein wird.

Wir leben im Zeitalter der Information, aber wir werden so überschüttet mit Informationen, dass es beständig passiert, dass das Wichtigste in all dem anderen untergeht: der Weg zum Ziel. Ich liebe es, in Deutschland zu leben, weil wir eine sehr lösungsorientierte Gesellschaft sind. Wir sind Meister darin, Lösungen zu finden, um Prozesse zu beschleunigen, Arbeitsabläufe zu verbessern, Fußballmannschaften zu perfektionieren und, und, und. Wir wollen Lösungen, immer und am besten sofort. Und wenn wir noch keine haben, suchen wir weiter, bis wir eine finden. „Geht nicht – gibt's nicht", sagen wir und leben auch danach.

Doch wir geben uns damit zufrieden, Lösungen für alles im Hier und Jetzt zu finden, und denken kaum mal über das nach, was noch kommt: der Tod und das Danach.

Vor vielen Jahren hörte ich eine Geschichte, die mich bis heute immer wieder neu anspricht. Auch wenn es sich nur um eine Symbolgeschichte handelt, so trifft sie doch den Nagel auf den Kopf.

Vor langer Zeit lebte ein König, der sich nach der Sitte seiner Zeit einen Hofnarren hielt. Diese Narren hatten das Recht, den Herrschern die Wahrheit zu sagen, auch wenn sie bitter war. War sie zu bitter, dann hieß es einfach: „Er ist halt ein Narr!"

Eines Tages schenkte der König dem Narren einen silbernen Narrenstab mit goldenen Glöckchen daran und sagte: „Du bist wirklich der größte Narr, den es gibt. Dafür bekommst du diesen wertvollen Stab als Auszeichnung für dein Können und Zeichen meiner Wertschätzung. Du darfst den Stab niemals verkaufen und auch nicht verschenken. Aber solltest du einmal einem Menschen begegnen, der noch närrischer ist als du, dann gib diesem den silbernen Stab!"

Jahrelang trug der Narr diesen Stab. Eines Tages erfuhr er, dass der König im Sterben lag. Da ging er in das Krankenzimmer und sagte: „König, ich höre, Ihr wollt eine große Reise antreten."

„Ich will nicht", erwiderte der König, „ich muss!"

„Ihr müsst?! Dann gibt es also doch eine Macht, die noch über den Großen dieser Erde steht. Nun wohl! Aber Ihr werdet sicher bald zurückkommen?"

„Nein!", schluchzte der König. „Von dem Land, in das ich reise, kehrt man nicht mehr zurück."

„Nun", meinte der Narr, „gewiss habt Ihr die Reise seit Langem vorbereitet und dafür gesorgt, dass Ihr in dem Land, von dem man nicht zurückkommt, königlich aufgenommen werdet."

Der König schüttelte traurig den Kopf: „Das habe ich versäumt. Ich hatte nie Zeit, diese Reise vorzubereiten."

„Oh, dann wusstet Ihr sicher nicht, dass Ihr diese Reise einmal antreten müsst?"

„Gewusst habe ich es schon. Aber ich hatte keine Zeit, mich um eine rechte Vorbereitung zu kümmern."

Da legte der Narr seinen Stab auf das Bett des Königs und sagte: „Ihr habt mir befohlen, diesen Stab weiterzugeben an den, der noch närrischer ist als ich. Majestät, nehmt den Stab! Ihr habt gewusst, dass Ihr in die Ewigkeit müsst und dass man da nicht zurückkommt. Und doch habt Ihr nicht dafür gesorgt, dass Euch die ewigen Türen geöffnet werden. König, Ihr seid der größte Narr!"[14]

Der Lösungsanbieter sagt uns durch Jesus Christus: „Ich bin der Weg, die Wahrheit und das Leben. Niemand kommt zum *Möglichmacher* außer durch mich" (nach der Bibel, Johannes 14,6).

Jesus ist der Weg, die Wahrheit und das Leben.

Wer ist er für Sie persönlich?

17. DER TRAUMERFÜLLER

Auch wenn ich, seit der Möglichmacher in mein Leben getreten ist, größer denke als je zuvor, würde ich mich selbst nie als Träumer bezeichnen. Ich stehe mit beiden Beinen im Leben, bin verheiratet, habe Kinder, habe viele zwischenmenschliche Beziehungen, liebe es, sportlich aktiv zu sein und arbeite meistens gern, viel und hart. Ich trage Verantwortung, lache gern, aber durchlebe auch tiefe Täler, die gefüllt sind mit Leid und Tränen. Meistens bin ich froh darüber, ein positiver Realist zu sein, und versuche, mit der Hilfe des Möglichmachers das Beste aus allem zu machen.

Trotzdem gibt es Momente in meinem Leben, da würde ich am liebsten abhauen in eine andere Welt. Wenn mal wieder zu wenig vorwärtsgeht bei den GetAwayDays und ein Jugendlicher mit viel Potenzial in den Knast kommt, anstatt etwas aus seinem Leben zu machen. Wenn ich mal wieder mit meiner Frau gestritten habe oder die Kinder nicht auf uns hören. Wenn wir uns finanzielle Sorgen machen. Wenn Familien auseinanderbrechen und Ehepaare nicht mehr bereit sind, sich zu versöhnen. Wenn ich die Nachrichten anschaue – hier wieder ein Attentat, dort ein Krieg, überall Tote und viel Elend – dann gibt es Momente, in denen ich von einer perfekten Welt träume. Von perfekten Umständen, von perfekten zwischenmenschlichen Beziehungen, einfach einem Ort, an dem alles gut ist!

Vielleicht können Sie das nachempfinden, diese Sehnsucht scheint ja tief in uns verankert zu sein. Wir wünschen uns oft den „Himmel auf Erden" und versuchen, ihn hier zu erschaffen, einen Zustand perfekter Harmonie.

In den vergangen Kapiteln war mehrmals die Rede vom Himmel und der Ewigkeit. Können Sie damit etwas anfangen?

Himmel, Ewigkeit, Paradies, das sind Worte, die immer wieder auftauchen in unserem alltäglichen Sprachgebrauch. Viele Bücher, die über den Himmel oder „Himmelserfahrungen" sprechen, werden zu Bestsellern, und wenn etwas richtig gut war, dann sagen wir: „Das war himmlisch!" Wenn ich meine Kinder rufe und sie nicht schnell genug kommen, dann denke ich: „Das dauert ja eine halbe Ewigkeit!" Und dann gibt es die „Paradiescreme" von Dr. Oetker – meiner Ansicht nach der beste Schokoladenpudding der Welt.

Fragt man Menschen nach dem Himmel, bekommt man unter anderem folgende Antworten: „Da sitzt man halt rum und singt", oder „Auf den Wolken sitzen und Harfe spielen." Also eher langweilig. Der klassische Philosoph Nietzsche schrieb ein Gedicht mit dem Titel „Alle Lust will Ewigkeit" und warnte darin vor dieser Sehnsucht.[15]

Wenn wir Bilder zu „Paradies" googeln, kommen wir auf irgendwelche idyllischen Strandszenarien mit Palmen und glasklarem Wasser. Doch ist das alles? Das erleben wir ja teilweise schon im Urlaub!

Ein Teil des großen Skigebiets in Schladming wird als „Paradies" bezeichnet. Da ich selbst dort für viele Jahre als Skilehrer tätig war, kenne ich dieses „Paradies" sehr gut: Oftmals übervolle Pisten, nicht genug Schnee, Anstehen am Lift und rücksichtslose Skifahrer. Ehrlich gesagt, wenn das alles ist, was das Paradies zu bieten hat, dann könnte ich aufs Paradies pfeifen.

Woher kommen solche Gedanken und Sehnsüchte? Und

warum verbannen wir solche Worte nicht aus unserem heutigen aufgeklärten Sprachgebrauch, wenn wir doch sowieso nicht mehr daran glauben? Wenn Himmel, Ewigkeit und Paradies nur das sind, was wir Menschen daraus gemacht haben, dann erscheint es tatsächlich als vergeudete Zeit, darüber nachzudenken. Aber was ist, wenn tatsächlich mehr dahintersteckt als das?

Der Möglichmacher sagt, dass es den Himmel, die Ewigkeit und das Paradies tatsächlich gibt. Wir versuchen heute ständig, göttliche und himmlische Dinge auf unser menschliches Niveau herunterzureduzieren, sie mit unseren Worten und vor allem unserem Verstand zu beschreiben. Doch das ist immer frustrierend und wenig attraktiv.

Um das Ganze etwas zu verstehen, müssen wir zurück an den „Anfang" gehen, an den Anfang, wie ihn der Möglichmacher beschreibt. Ganz richtig, die Schöpfung. Vielleicht denken Sie jetzt, dass Sie sich so einen „Blödsinn" nicht mal durchlesen wollen, aber ich bitte Sie, lassen Sie sich mal auf diesen Gedankengang ein, auch wenn er Ihnen persönlich absurd erscheint.

Über uns Menschen sagt der Möglichmacher, dass er uns als ewige Wesen erschaffen hat (Die Bibel, 1. Mose 2,7), und dass er selbst uns Menschen die Ewigkeit ins Herz gelegt hat (Prediger 3,11). Sein Wille war und ist, dass jeder Mensch ewiglich in einem perfekten Umfeld in perfekter Harmonie und vor allem in perfekter Gemeinschaft mit anderen und mit ihm lebt.

Sie und ich sind von Anbeginn der Schöpfung her nicht für die Zeit geschaffen. Deswegen kämpfen wir immer dagegen an: Im Urlaub vergeht die Zeit viel zu schnell, während sie auf der Arbeit viel zu langsam vergeht. Ich kenne viele Leute, die ständig damit kämpfen, im Alltag pünktlich zu sein. Nach der Prüfung hört man den Satz: „Ich hatte nicht genug Zeit." Wenn ein Mensch stirbt, bevor er die neunzig überschritten hat, sagt meist jemand: „Er ist zu früh gestorben" – als ob es zu einem anderen Zeitpunkt besser oder leichter gewesen wäre.

Zeit nervt uns, wenn wir warten müssen, sie überrascht uns, wenn etwas zu schnell vorbeigeht, und sie erschreckt uns manchmal, wenn wir jemanden sehen, den wir schon lang nicht mehr gesehen haben. Warum ist das so? Ganz einfach deswegen, weil der Möglichmacher uns nicht für die Zeit, sondern für die Ewigkeit erschaffen hat.

Nachdem der Möglichmacher den Menschen in einem perfekten Umfeld in perfekter Gemeinschaft erschaffen hat, geschah Folgendes: *„Der Möglichmacher, der Herr, brachte den Menschen in den Garten Eden (das Paradies). Er sollte ihn bebauen und bewahren. Der Möglichmacher befahl dem Menschen jedoch: ‚Du darfst jede beliebige Frucht im Garten essen, abgesehen von den Früchten vom Baum der Erkenntnis des Guten und Bösen. Wenn du die Früchte von diesem Baum isst, musst du auf jeden Fall sterben'"* (nach der Bibel, 1. Mose 2,15-17).

Zuallererst gab der Möglichmacher den Menschen eine sinnvolle Aufgabe. Kein Mensch wurde dazu geschaffen, ein inhaltsloses Leben zu führen, in dem er nur so dahinvegetiert. Im Paradies hatten Adam und Eva eine gemeinsame Aufgabe, sie sollten es „verwalten".

Innerhalb der GetAwayDays arbeiten wir mit vielen Jugendlichen, die keine sinnvolle Aufgabe haben oder keinen Sinn im Leben sehen. Wenn das fehlt, kommt man auf dumme Gedanken und dann nimmt ein zerstörerischer Kreis seinen Lauf, aus dem nur wenige aus eigener Kraft wieder herauskommen. Sehr oft erleben wir, dass junge Leute bei uns längst vorhandenes Potenzial entdecken und dann anfangen, sinnvollen Aufgaben nachzugehen. Das stellt ihr Leben oft völlig auf den Kopf. Vom Nichtstun hin zum Tun einer sinnvollen Aufgabe, darin blüht ein Mensch auf. Dazu wurden wir erschaffen.

So erhalten auch die ersten Menschen eine Aufgabe. Gleich im Anschluss gibt der Möglichmacher ihnen jedoch einen ganz klaren Rahmen für dieses Leben im Paradies, sozusagen das erste Gebot: „Genieße alles!"

So hat sich der Möglichmacher das gewünscht. Der Mensch sollte dieses perfekte Umfeld in perfekten zwischenmenschlichen Beziehungen und der perfekten Beziehung zu ihm in vollen Zügen genießen. Er sollte sich daran freuen und darin aufblühen.

Zum Schutz der Menschen gab der Möglichmacher ihnen eine einzige Einschränkung: Ein Baum war tabu, der Baum der Erkenntnis des Guten und Bösen. Gott sagte den ersten Menschen sehr deutlich, dass der Bruch dieser Einschränkung furchtbare Konsequenzen mit sich bringen würde: „Wenn du von ihm isst, wirst du sterben!"

Für uns heute macht das oft nicht viel Sinn, denn für uns gab es schon immer den Unterschied zwischen Gut und Böse. Aber die ersten Menschen kannten diesen Unterschied eben nicht, bis dahin gab es nichts Böses und auch keinen Tod. Alles war gut, ja sogar sehr gut, perfekt, das Paradies.

Es ist interessant, wie die Geschichte weitergeht:

Die Schlange war das listigste von allen Tieren, die Gott, der Herr, erschaffen hatte: „Hat Gott wirklich gesagt", fragte sie die Frau, „dass ihr keine Früchte von den Bäumen des Gartens essen dürft?" „Selbstverständlich dürfen wir sie essen", entgegnete die Frau der Schlange. „Nur über die Früchte vom Baum in der Mitte des Gartens hat Gott gesagt: „Esst sie nicht, ja berührt sie nicht einmal, sonst werdet ihr sterben."

„Ihr werdet nicht sterben!", zischte die Schlange. „Gott weiß, dass eure Augen geöffnet werden, wenn ihr davon esst. Ihr werdet sein wie Gott und das Gute vom Bösen unterscheiden können."

Die Frau sah: Die Früchte waren so frisch, lecker und verlockend —

und sie würden sie klug machen! Also nahm sie eine Frucht, biss hinein
und gab auch ihrem Mann davon. Da aß auch er von der Frucht.
(Die Bibel, 1. Mose 3,1-6)

Die Schlange, der Gegenspieler des Möglichmachers, ver-
drehte die Wahrheit und entstellte die Realität. Sie stellte
das, was der Möglichmacher gesagt hatte, infrage. Das tut
der Gegenspieler des Möglichmachers übrigens bis heute. Er
sät Zweifel und Misstrauen gegenüber dem Möglichmacher
und dem, was er gesagt hat.

Eva und Adam gingen diesem dummen Geschwätz auf den
Leim und aßen von dem einen Baum, von dem sie nicht essen
sollten. Wahrscheinlich geht es Ihnen mit der ersten Reaktion
wie mir: „Oh nein! Wie kann man nur so dumm sein, es war
doch alles perfekt."

Aber ich behaupte ganz frech, dass wir heute immer noch
nicht anders sind. Es kann noch so viel erlaubt sein, das Ver-
botene oder Ungewisse hat seinen Reiz. Ich sehe das sowohl
im Leben meiner Kinder und dem der Jugendlichen, mit denen ich arbeite, als auch in meinem eigenen Leben.

Der Mensch hatte nun also von dem Baum der Erkenntnis
gegessen und die Konsequenz war der Tod. Wenn wir die Geschichte weiterlesen, fällt allerdings auf, dass die zwei nicht
sofort tot umfielen. Was für sie „starb", war das Leben in einem
perfekten Umfeld, in perfekter Harmonie miteinander und in
der wunderbaren, intensiven und intimen Gemeinschaft mit
ihrem Schöpfer. Das perfekte Leben, unser aller „Traum" war
gestorben.

Von dem Moment an, in dem sie diese Einschränkung
Gottes übertreten hatten, war alles in ihrem Leben anders.
Hier sind zwei Beispiele: „Sie bemerkten auf einmal, dass sie
nackt waren. Deshalb flochten sie Feigenblätter zusammen
und machten sich Lendenschurze" (Die Bibel, 1. Mose 3,7).

Sie schämten sich auf einmal, sie konnten sich nicht mehr so annehmen, wie sie waren, sondern wollten etwas verbergen. „Als es am Abend kühl wurde, hörten sie Gott, den Herrn, im Garten umhergehen. Da versteckten sie sich zwischen den Bäumen" (Die Bibel, 1. Mose 3,8). Auf einmal versteckten sie sich vor dem Möglichmacher, sie hatten Angst und waren unsicher. Das hatten sie vorher noch nie getan. So etwas hatten sie vorher nicht einmal ansatzweise gekannt.

Es war wie eine Seifenblase, die zerplatzt war. Ein Traum, der zerbrochen war.

Perfektes Umfeld: BUMM! Alles kaputt.

Perfekte zwischenmenschliche Beziehungen: BUMM! Auf einmal war Scham da.

Perfekte Gemeinschaft mit Gott: BUMM! Jetzt hatten sie auf einmal Angst vor ihm.

Ein furchtbarer Zustand. Und diesen Zustand kennen wir alle nur zu gut. Wir leben in einer Welt, in der es trotz aller Schönheit auch unglaublich viel Leid, Elend und Zerbrochenheit gibt.

Um der Gefahr vorzubeugen, dass dieser kaputte Zustand verewigt wird und ewig andauert, sprach der Möglichmacher: „Der Mensch ist geworden wie einer von uns, er kennt sowohl das Gute als auch das Böse. Nicht dass er etwa noch die Früchte vom Baum des Lebens pflückt und isst! Dann würde er ja für immer leben!" Deshalb schickte Gott, der Herr, Adam und seine Frau aus dem Garten Eden fort. Er gab Adam den Auftrag, den Erdboden zu bearbeiten, aus dem er gemacht war. Nachdem er sie aus dem Garten vertrieben hatte, stellte Gott, der Herr, Cherubim (Engel) auf, die mit einem flammenden, blitzenden Schwert den Weg zum Baum des Lebens bewachen (Die Bibel, 1. Mose 3,22-24).

Es gab also einen zweiten wichtigen Baum, den Baum des Lebens. Wer von diesem Baum aß, lebte ewig in dem Zustand weiter, in dem er in diesem Moment war.

Bevor Adam und Eva vom ersten Baum (dem Baum der Erkenntnis von Gut und Böse) gegessen hatten, war es egal, wie viel sie vom zweiten Baum (dem Baum des Lebens) aßen, denn sie sollten ja ewig leben in einem perfekten Umfeld, in perfekter Harmonie und in perfekter Gesellschaft – der Gegenwart Gottes.

Aber nachdem sie an Gott schuldig geworden waren, standen sie nun in der Gefahr, den kaputten Zustand, in dem sie sich befanden, auch noch zu verewigen. Um diese ewige Tragödie zu vermeiden, musste der Mensch den Garten verlassen, und Gott ließ diesen Baum des Lebens bewachen, damit das kaputte Umfeld in zerbrochener Gesellschaft nicht verewigt werden konnte. Von diesem Moment an war der Körper des Menschen sterblich, die Seele allerdings immer noch unsterblich.

Dass der Körper des Menschen von diesem Moment an sterblich, an Zeit gebunden und vergänglich wurde, ist ein unfassbar großes Geschenk Gottes. Diese Aussage kommt Ihnen jetzt vielleicht komisch oder sogar verrückt vor. Vielleicht denken Sie sogar, ich hätte keine Ahnung, wovon ich spreche. Ich hoffe, Sie glauben mir, dass ich so etwas nicht leichtfertig sage. Ich habe in den letzten Jahren sehr viele Menschen verloren, die ich sehr geliebt habe und mit denen ich sehr eng verbunden war. Die Frau eines engen Freundes nahm sich das Leben, ein Arbeitskollege starb bei einem Kletterunfall, der Freund, der mein Leben am meisten geprägt hat, starb in einer Lawine und vor einiger Zeit starb mein ehemaliger Chef, durch den ich den Möglichmacher kennengelernt habe. Ich kenne den tiefen Schmerz, Menschen zu verlieren.

Hier ist ein Versuch, Ihnen zu erklären, was ich mit den

Worten oben meine. Für uns Menschen ist der Tod etwas Furchtbares und Tragisches, das stimmt. Allerdings sehen wir ihn auch als Ende an – und das stimmt nicht. Der körperliche Tod ist die „Erlösung" aus einem Umfeld, das nicht perfekt, sondern kaputt und zerbrochen ist. Der körperliche Tod ist die einzige Chance, diesem kaputten und zerbrochenen Umfeld zu entkommen. Wenn wir nicht körperlich sterben könnten, wären wir in dieser Katastrophe ewig gefangen. Allein dadurch, dass wir körperlich sterben können, gibt es die Möglichkeit, einer ewigen Katastrophe zu entgehen.

Wenn man diese Worte des Möglichmachers nun als Christ, das heißt als Mensch, der darauf vertraut, dass Jesus der Weg zu Gott ist, liest, dann kann man eigentlich nur staunen über die Liebe und Güte Gottes. Denn der Tod ist die Befreiung aus dem Zustand, in dem wir uns im Moment befinden, hin zu dem Zustand, in dem für immer alles perfekt und gut ist – die Ewigkeit in der ununterbrochenen Gegenwart des Möglichmachers.

Allerdings sind die Worte der Bibel für einen Menschen, der ohne Jesus lebt, furchtbare Worte. Der Mensch wurde aus dem Paradies verbannt. Seitdem versucht der Mensch mit allen Mitteln, das Paradies und den Zustand des Paradieses zurückzugewinnen. Aber der Weg ist versperrt, um uns davor zu bewahren, vom Baum des Lebens zu essen und ewig in diesem kaputten Zustand zu leben.

Jeder, der aus eigenem Verstand oder eigener Kraft versucht, das Paradies wiederzuerlangen, läuft bildlich gesprochen in das Schwert des Engels, der dort steht, um diesen Baum und das Paradies zu bewachen. Deswegen führt jeder Versuch, aus eigener Kraft das Paradies zu erlangen, zu noch mehr Verwundung, Zerbrochenheit und Elend.

Es ist schon verrückt, was der Mensch unternimmt, um den Tod zu verdrängen. Menschen suchen Unsterblichkeit, manche lassen sich sogar einfrieren. Alternde Menschen mit genug Geld unterziehen sich einer Schönheitsoperation nach der anderen, nur um weiterhin jung auszusehen. Als Zimmerer arbeitete ich viel in der Restauration. Damals sagte ein Arbeitskollege zu mir: „Das kann man vergleichen mit der Restauration einer alten Scheune – man renoviert sie immer wieder, aber eines Tages fällt sie doch zusammen." Egal, wie jung man auch aussieht, eines Tages stirbt man trotzdem.

Wir versuchen mehr Jahre in unser Leben, anstatt mehr Leben in unsere Jahre zu bringen. Wir versuchen, den Tod zu vergessen, indem wir einen Kick nach dem anderen suchen. Und wenn dann trotzdem jemand stirbt, dann sind wir kurz schockiert, bevor wir wieder in unser Hamsterrad steigen, um weiterzurennen, immer auf der Jagd nach diesem Traum.

Im tiefsten Inneren wissen wir, dass es mehr geben muss als diese paar Jahre hier auf der Erde. Irgendetwas sagt uns, dass es ein Paradies geben muss, für das wir eigentlich geschaffen sind – wir sehnen uns danach.

IM TIEFSTEN INNEREN WISSEN WIR, DASS ES MEHR GEBEN MUSS ALS DIESE PAAR JAHRE HIER AUF DER ERDE.

Wenn Menschen in allerlei Leid, Entgleisungen und Elend fallen, nur weil sie verzweifelt nach diesem ewigen und perfekten Ort suchen, dann kann ich das gut nachvollziehen. Für viele Jahre meines Lebens habe ich das selbst versucht. Doch heute lebe ich ganz bewusst im Vertrauen auf Jesus und weiß, dass er die Eintrittskarte ins Paradies ist. Jesus Christus kann jedem Menschen den Traum erfüllen, den jeder Mensch immer wieder träumt: Ein perfektes Umfeld und perfekte zwischenmenschliche Beziehungen in der Gegenwart des Möglichmachers – das ist das Paradies, das ewige Leben, der Himmel.

Jesus Christus sagte einmal zu einer jungen Frau, deren Bruder gerade gestorben war: „Ich bin die Auferstehung und das Leben. Wer an mich glaubt, wird leben, auch wenn er stirbt. Er wird ewig leben, weil er an mich geglaubt hat, und niemals sterben. Glaubst du das, Marta?" (Die Bibel, Johannes 11,25-26).

Jesus Christus hat über den Tod gesiegt. Er will jedem Menschen ein Leben schenken, das mit ihm hier auf dieser Welt beginnt und nach dem körperlichen Tod bis in alle Ewigkeit andauert: in einem perfekten Umfeld, in perfekten Beziehungen und in der Gegenwart eines perfekten und liebenden Gottes.

Jesus ist der Traumerfüller. Er ist die Eintrittskarte in das Umfeld, nach dem sich jeder Mensch sehnt. Bruchstückhaft kann dies durch ihn schon hier auf dieser Welt erlebt werden und in vollem Ausmaß in der Ewigkeit. Der Möglichmacher wünscht sich nichts mehr, als dass Sie das Leben annehmen und erfahren, zu dem er jeden Menschen bestimmt hat. Er hat jedem Menschen in Jesus Christus genau das ermöglicht.

Beinahe alle meine Freunde, die in den letzten Jahren körperlich gestorben sind, haben zu diesem Jesus gehört. Und auch wenn ihr Tod immer noch schmerzhaft ist, so habe ich doch eine tiefe innere Gewissheit: Sie sind jetzt schon dort, wo ich eines Tages auch sein werde. Ich werde sie wiedersehen. Darum will ich noch viele Menschen einladen, mit dem Möglichmacher zu leben. Dann können auch Sie eines Tages an diesem wunderbaren Ort sein. Dafür lebe ich, um allen Menschen diese geniale Botschaft weiterzusagen.

Als Jesus dieser jungen Frau, die in einem sehr verzweifelten Zustand war, erklärte, wer er war, fragte er sie am Ende: „Glaubst du das?" Das ist die zentrale Frage des Möglichmachers bis heute an jeden Menschen, auch an Sie. Jetzt überlässt er es Ihnen, zu antworten.

Marta sagte damals zu Jesus: „Ja, Herr. Ich habe immer geglaubt, dass du der Christus bist, der Sohn Gottes" (Die Bibel, Johannes 1,27).

Was antworten Sie heute auf die Frage, die Jesus Ihnen stellt?: Glauben Sie das?

Der Traum vom Paradies muss kein Traum bleiben, er kann erfahrbare Wirklichkeit werden in einem neuen, ganz anderen Leben durch das Vertrauen auf Jesus. Ein Leben mit der Gewissheit: Das Beste kommt noch, und zwar für immer und ewig.

18. DER MÖGLICHMACHER

1908 wurde Abraham Harold Maslow in Brooklyn, New York City geboren. Er war ein US-amerikanischer Psychologe und gilt als Gründervater der Humanistischen Psychologie. Im Jahre 1967 wurde er sogar als „Humanist des Jahres" geehrt.

Obwohl er schon viele Jahre nicht mehr lebt, ist er nach wie vor sehr bekannt für die „Maslowsche Bedürfnispyramide", die ein Entwicklungsmodell für die Hierarchie menschlicher Bedürfnisse darstellt. Darin teilte Maslow die Bedürfnisse des Menschen in fünf hierarchisch geordnete Bedürfnisse auf. In den letzten Jahren seines Lebens ergänzte er diese fünf Grundbedürfnisse durch ein sechstes, das der Transzendenz (Spiritualität, Suche nach Gott), das seiner Meinung nach erst dann aufkommt, wenn alle anderen Bedürfnisse gestillt wurden.[16]

Maslow bezeichnet Transzendenz, die Suche nach Gott, als letztes Bedürfnis, als das Bedürfnis, das erst dann wichtig ist oder geweckt wird, wenn alle anderen Bedürfnisse zuvor gestillt sind. Anhand seiner Forschungen wäre jetzt also die absolute Zeit für die Suche nach Gott, denn nie zuvor in der Geschichte der Menschheit waren unsere Bedürfnisse so weitgehend abgedeckt wie heute bei uns hier im deutschsprachigen Raum und vielen weiteren Regionen der Erde.

Maslow war sicher: Erst muss ich mich um meine Bedürfnisse kümmern, und wenn die gestillt sind, dann kommt die

Suche nach Gott. Unser Alltag zeigt aber etwas anderes. Obwohl es uns so gut geht, scheint Gott für viele Menschen immer weniger relevant zu sein.

Wenn ich die Aussagen des Möglichmachers in der Bibel anschaue, dann ergibt sich ein ganz anderes Bild, genau das Gegenteil von Maslows Theorie. Er sagt: „Macht das Reich Gottes (das, was dem Möglichmacher wichtig ist) zu eurem wichtigsten Anliegen, lebt in Gottes Gerechtigkeit, und er wird euch all das geben, was ihr braucht" (Die Bibel, Matthäus 6,33; Ergänzung durch den Autor).

Der Möglichmacher spricht in der Bibel alle Bedürfnisse von uns Menschen an und verspricht uns Menschen, dass er all diese Bedürfnisse stillt, wenn wir zuerst nach ihm suchen. Spiritualität ist also nicht das letzte, am wenigsten wichtige Bedürfnis, sondern es ist das Bedürfnis, in dem alle anderen angesprochen, zugesichert, gefunden und erlebt werden können, wenn man sich darauf einlässt.

Aus der Sicht des Möglichmachers würde die Bedürfnispyramide so aussehen:

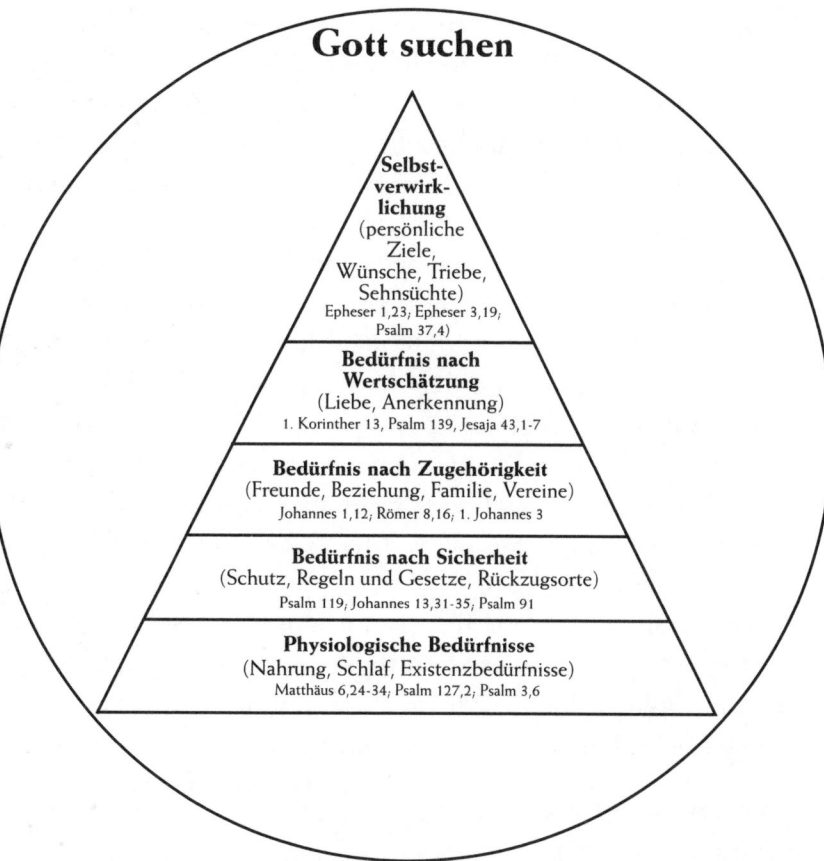

In Gott sind all die Dinge zu finden, die wir überall suchen und doch nie voll und ganz erreichen können, denn ihm ist es möglich, alle Bedürfnisse jedes Menschen zu stillen.

Ich bin deswegen von ganzem und dankbarem Herzen Christ, weil der Möglichmacher selbst mehr ist und ermöglicht, als ich oder ein anderer Mensch es jemals auch nur annähernd könnten!

Ich bin deswegen Christ, weil Gottes Geschenk an mich, Jesus Christus, mehr ist, als ich jemals verstehen könnte. Er schenkt mir Vergebung. Er schenkt mir Versöhnung mit dem Möglichmacher und eine persönliche Beziehung zu ihm. Er schenkt mir seine Fülle und stellt mir seine Kraft zur Verfügung. Er ist mein Ein und Alles. Er schenkt mir die Gewissheit auf ewiges Leben im Paradies. Er gibt mir das einzige Recht, das mir nie wieder genommen werden kann: Ich darf Kind Gottes sein.

Dass der Möglichmacher ein sehr persönlicher Gott ist und er um Sie wirbt, ist hoffentlich sehr deutlich geworden in diesem Buch. Vielleicht könnte man diese letzten Seiten des Buches überschreiben mit den Worten: „Der Möglichmacher ist der Auf-Sie-Warter."

Denn er spricht zu Ihnen: „Siehe, ich stehe vor der Tür und klopfe an. Wenn jemand mich rufen hört und die Tür öffnet, werde ich eintreten, und wir werden miteinander essen" (Die Bibel, Offenbarung 3,20).

Jesus steht direkt vor Ihnen und klopft an die Tür Ihres Herzens. Er hat den ersten Schritt auf Sie zu gemacht, das hat er schon immer. Jetzt ist die große Frage, wie Sie persönlich auf sein Klopfen an Ihrer Herzenstür reagieren. Jesus ist ein Gentleman, er wird die Tür nicht einschlagen oder aufbrechen. Er wird niemals versuchen, gewaltsam einzudringen, weil er Sie liebt und er Ihnen in seiner unendlichen Liebe die Freiheit schenkt, sich zu entscheiden, die Tür zu öffnen oder sie geschlossen zu lassen. Er schenkt Ihnen den Freiraum, keine Entscheidung zu treffen und die ganze Angelegenheit auf die lange Bank zu schieben, aber keine Entscheidung ist letztendlich auch eine Entscheidung.

Jesus verspricht, wenn Sie ihm Ihre Herzenstür öffnen, wird

EIN CHRIST IST EIN MENSCH, IN DEM JESUS CHRISTUS LEBT.

er hineintreten, um mit Ihnen zu essen. In der damaligen Kultur war Essen immer ein Bild für Gemeinschaft. Wenn Sie ihm erlauben, hineinzukommen in Ihr Leben, dann können Sie in der Gemeinschaft mit dem lebendigen Gott leben – hier und heute und vor allem auch in aller Ewigkeit. Er will nicht einen religiösen Lebensstil, sondern er will in enger Verbundenheit mit Ihnen leben.

Ein Christ ist nicht automatisch jeder, der in einem christlichen Land lebt, einer christlichen Kirche angehört oder christliche Traditionen kennt und gut findet. Ein Christ ist derjenige, der Christus die Herzenstür geöffnet und ihn in sein Leben eingeladen hat. Ein Christ ist ein Mensch, in dem Jesus Christus lebt.

Als ich vor Jahren meinen Wehrdienst innerhalb der Luftwaffe bei der deutschen Bundeswehr absolvierte, war ich auf der „Stube" mit zwei jungen Männern, zu denen schnell eine enge Freundschaft wuchs. Wir arbeiteten eng zusammen und außerdem verband uns die gemeinsame Begeisterung für Sport, wir trainierten sehr viel zusammen. Da ich kurz zuvor Christ geworden und völlig begeistert vom Möglichmacher war, redeten wir natürlich immer wieder über ihn.

Einer der jungen Männer war katholisch aufgewachsen und glaubte irgendwie schon an Gott. Manchmal betete er selbst und immer wieder fragte er mich, ob ich nicht mal für ihn beten könne, da ich ja „einen guten Draht" nach oben hätte. Allerdings fand er diese Art, wie ich mit dem Möglichmacher lebte, immer zu einfach. Er meinte, dass er lieber darauf achten wolle, ein guter Mensch zu sein.

Der andere war so ein richtiger Lebemensch: gutaussehend, sportlich, talentiert, sprachgewandt und einfach ein supernetter, umgänglicher Kerl. Auch er redete oft mit in diesen Gesprächen über Gott, aber er gab mir immer zu verstehen, dass er sich darüber jetzt keine Gedanken machen wolle. Jetzt sei die Zeit, um mal richtig auf den Putz zu hauen, und im Alter könne man immer noch darüber nachdenken.

Als wir einmal nach dem gemeinsamen Training zusammensaßen und wieder über dieses Thema redeten, sagte ich nebenbei: „Es ist schon wichtig, sich jetzt damit auseinanderzusetzen, denn man weiß ja nie, wie lange man lebt." Für mich war das damals einfach nur so ein Satz. Natürlich wollte ich gern, dass sie sich nicht erst in ein paar Jahren Gedanken über den Möglichmacher machten, aber wir waren jung, und ich glaubte selbst nicht daran, dass sie bald sterben könnten. Doch diese zwei jungen Männer hatten ein paar Wochen später auf ihrem Weg in die Kaserne einen furchtbaren Autounfall. Beide starben.

Viele Wochen war ich wie betäubt. Der Schmerz über den Verlust machte mir schwer zu schaffen. Ich konnte es kaum glauben, aber an diesem Satz: „Man weiß ja nie, wie lange man lebt", war tatsächlich etwas dran!

Schon des Öfteren hatte ich Sätze im Buch des Möglichmachers gelesen, die genau diese Tatsache ansprachen: „Nur wie ein Hauch ist jeder Mensch, wie sicher er auch steht" (Die Bibel, Psalm 39,6). Ich hatte solchen Sätzen nie große Beachtung geschenkt, schließlich war ich noch jung, gerade mal zwanzig. Aber meine Freunde waren auch erst neunzehn und zwanzig und auf einmal waren sie nicht mehr da.

Ein Hauch. Wer hat nicht schon einmal in der Kindheit, wenn die Luft eiskalt war, draußen in die Luft gehaucht und zugeschaut, wie der Hauch verschwindet. So ist das Leben, egal, wie fest man meint zu stehen. Das ist die brutale Realität, die wir zwar oft verdrängen und nicht wahrhaben wollen, die uns aber doch immer wieder einholt, überrascht und schockiert.

Nach dem Tod meiner Freunde fingen viele Soldaten in unserer Kompanie an, über den Tod und was danach kommt zu reden. Einige hatten irgendwelche Vorstellungen, die meisten hatten sich mit diesem Thema noch nie befasst. Mittendrin war ich, mit der tiefen inneren Überzeugung, dass das Leben nach dem Tod eben nicht einfach nur vorbei ist, weil der Möglichmacher es so sagt. Ich hatte damals schon die unerschütterliche Gewissheit: „Jeder, der den Namen des Herrn anruft, wird gerettet werden" (Die Bibel, Joel 3,5). Ich wusste, ich würde nach meinem Tod ewiges Leben in der perfekten Gemeinschaft mit dem Möglichmacher, in perfekten zwischenmenschlichen Beziehungen und in absolut perfekten Umständen haben.

Viele konnten damals meine Sicherheit nicht nachvollziehen und waren sehr neugierig. Ein hoher Vorgesetzter, mit dem ich mich blendend verstand, sagte eines Tages zu mir: „Kley, Sie glauben an diesen Jesus. Sie richten Ihr ganzes Leben nach diesem Buch, der Bibel aus. Sie tun viele Dinge, die ich total langweilig finde, und Sie tun viele Dinge nicht, die mir Spaß machen, nur wegen diesem Buch. Jetzt stellen Sie sich mal vor, Sie sterben eines Tages und merken: Das war alles nur Blödsinn! Gott und die Ewigkeit bei ihm oder ohne ihn gibt es gar nicht. Dann haben Sie ja voll die Arschlochkarte gezogen!" Das waren seine Worte.

Ich musste damals kurz nachdenken, doch dann erwiderte ich: „Falls ich mal sterbe und merke, dass das alles nicht wahr war, dann habe ich trotzdem ein völlig erfülltes und vor allem sinnhaftes Leben geführt, das für mich selbst und für all meine Mitmenschen das Beste war. Aber jetzt stellen Sie sich mal vor, Sie sterben eines Tages. Sie haben das ganze Leben so gelebt, wie es Ihnen Spaß machte und richtig erschien, so als gäbe es keinen Gott. Und dann sterben Sie eines Tages und stellen fest: Es ist doch die Wahrheit! Jesus gibt es, die Bibel ist wahr und allein durch das Vertrauen auf Jesus kann ein Mensch ewiges Leben bekommen! Dann haben Sie ja die Arschlochkarte für die Ewigkeit gezogen."

Entschuldigen Sie die vulgäre Ausdrucksweise, aber genau so haben wir damals miteinander geredet. Und genau darum geht es, nicht um mehr, aber auch nicht um weniger: Entweder sind der Möglichmacher, die Bibel und sein Sohn Jesus Christus völliger Blödsinn oder es ist tatsächlich die Wahrheit, die objektive und ewige Wahrheit.

Sie haben die völlige Freiheit, das für sich persönlich zu entscheiden. Mit dieser Entscheidung tragen Sie eine hohe Verantwortung, denn es geht um Ihr Leben hier auf der Erde und in der Ewigkeit. Ich will Ihnen Mut machen, nicht leichtfertig damit umzugehen. Es geht um eine persönliche Beziehung zwischen Ihnen und dem einzig wahren und lebendigen Gott durch seinen Sohn Jesus Christus. Diese Beziehung kann heute beginnen und bis in alle Ewigkeit anhalten, wenn Sie es wollen.

In zwischenmenschlichen Beziehungen ist eine der schwerwiegendsten Entscheidungen, eine Entscheidung, die Auswirkungen auf das gesamte weitere Leben hat, wohl die Heirat. In der Bibel wird daher die Beziehung zwischen Gott und den Menschen auch mit der Beziehung zwischen einem Bräutigam und seiner Braut verglichen.

Bestimmt waren Sie schon mal auf einer Hochzeit, vielleicht sind Sie auch selbst verheiratet. Ich persönlich liebe Hochzeiten! In den letzten Jahren hatte ich das Vorrecht, viele Hochzeiten mitzuerleben. Jetzt stellen Sie sich einmal eine klassische Hochzeit vor: Ein Mann und eine Frau stehen vor dem Traualtar. Der Priester, Pfarrer oder Prediger ist kurz davor, sie zu vermählen. Er stellt dem Bräutigam die berühmte Frage: „Willst du sie heiraten?", worauf dieser voller Freude und Überzeugung antwortet: „Ja, ich will!"

Nun stellt er der Braut dieselbe Frage: „Willst du ihn heiraten?" Sie fängt an, nervös zu werden, druckst eine Weile herum und antwortet schließlich: „Nun, er ist echt ein super

Kerl, ich finde ihn sehr attraktiv, wir verstehen uns gut und einen Job hat er auch. Ich will ihn wirklich nicht verletzen, aber heiraten – nein."

Nun ist meine Frage an Sie: Gäbe es unter diesen Umständen eine Ehe? Gäbe es unter diesen Umständen eine Riesenhochzeitsfeier? Sicher nicht.

Dasselbe Szenario: Der Geistliche stellt der Braut die Frage: „Willst du ihn heiraten?" Sie strahlt übers ganze Gesicht und ruft voller Ergriffenheit: „Ja, ich will!"

Nun wird der Bräutigam gefragt: „Willst du sie heiraten?" Der überlegt einen Moment, dann sagt er ganz bedacht: „Also eigentlich passt alles. Sie ist genau so, wie ich mir eine Frau fürs Leben immer vorgestellt habe. Sie ist hübsch, gebildet, hat nette reiche Eltern, also ich wäre dumm, Nein zu sagen! Aber Ja zu sagen, bis dass der Tod uns scheidet, ist ja auch ein bisschen extrem. Also ich sage weder Ja noch Nein, ich bleibe einfach neutral."

Wiederum die Frage an Sie: Gäbe es unter diesen Umständen eine Eheschließung und eine Riesenparty? Nein, ganz sicher nicht.

Damit eine Ehe zustande kommt und es danach eine große Feier gibt, braucht es ein freiwilliges, freudiges Ja zueinander. Ein Ja von beiden Seiten. Selbst wenn einer sein volles Ja ausgesprochen hat, gibt es noch lange keine Ehe. Denn wenn das Gegenüber mit Nein antwortet, ist das zwar hart, aber eine klare Ansage.

Wenn das Gegenüber mit „Vielleicht" oder „Das ist mir zu extrem, ich bleibe einfach neutral" antwortet, dann klingt das nicht so hart und endgültig, läuft aber auf dasselbe hinaus – es gibt keine Eheschließung und keine Hochzeitsfeier.

Der Möglichmacher hat in seinem Sohn Jesus Christus ein klares, unmissverständliches und kompromissloses Ja zu Ihnen gesprochen. Er hat den ersten Schritt getan und streckt

Ihnen die versöhnende Hand entgegen. Er sehnt sich nach Gemeinschaft mit Ihnen. Er steht vor Ihrer Herzenstür und klopft an.

Wie reagieren Sie? Was antworten Sie ihm?

ENDE – ODER DER ANFANG?

Bei den GetAwayDays haben wir das Motto: „Es ist nicht wichtig, wie groß der erste Schritt ist, sondern in welche Richtung er geht."

Im Leben geht es beständig darum, Schritte zu gehen. Die Frage ist aber, in welche Richtung man geht. Selbst ein kleiner, zaghafter und von Zweifeln begleiteter Schritt in die richtige Richtung kann große lebensfördernde Veränderungen mit sich bringen, wohingegen auch ein großer, zuversichtlicher und mutiger Schritt in die falsche Richtung ein absolutes Desaster hinterlassen kann.

Dem Möglichmacher mit Ja zu antworten, ist ein Schritt, ein Glaubens- oder Vertrauensschritt. Es ist egal, wie groß dieser Schritt ist – nur die Richtung ist entscheidend. Wenn Sie diesen ersten Schritt machen wollen, sind hier ein paar ganz konkrete und praktische Tipps dazu.

Dieses „Ja sagen" ist einfach ein kurzes (oder auch langes) persönliches Reden mit Gott, ein Gebet. Bei diesem Gebet kommt es nicht darauf an, dass dieses perfekt formuliert ist und man alles „richtig" macht. Ganz im Gegenteil, in Bezug auf die Wortwahl kann man dabei nichts falsch machen. Allerdings ist es eine Herzenssache. Es ist ein persönliches Annehmen und Zustimmen zu Gottes Möglichkeiten. Dieses Gebet drückt die eigene Bereitschaft aus, sich ihm anzuvertrauen. Der Möglichmacher kennt Ihr Herz, Ihr tiefstes inneres wirkliches Ich. Deswegen ist es wichtig, dass dieses Gebet einfach von Herzen kommt.

Sie können das Gebet entweder frei sprechen oder das folgende vorformulierte Gebet nachbeten. Über die Jahre hinweg habe ich immer wieder beobachtet, dass es vielen Menschen eine Hilfe ist, ein erstes Gebet einfach nach- oder mitbeten zu können. Lesen Sie sich das Gebet am besten einfach einmal durch.

So könnte Ihr Ja zum Möglichmacher ausgedrückt werden:

Jesus, heute mache ich den ersten Schritt und sage Ja zu dir. Ich habe bisher ohne dich gelebt, bitte vergib mir. Danke, dass du am Kreuz für meine Schuld gestorben bist. Danke, dass du mich mit Gott versöhnst und ich ab jetzt wieder in einer Beziehung mit dem Möglichmacher leben kann. Du bist mein Retter.
Danke, Jesus, dass du lebst und in mein Leben kommst. Danke, dass du mich liebst und immer mein Bestes willst. Du sollst der Herr meines Lebens sein und mich durch dieses Leben führen mit deiner göttlichen Kraft.
Danke, dass ich jetzt dein Kind bin und in Gemeinschaft mit dir leben kann – hier und jetzt und in der Ewigkeit.
Amen*

Wenn Sie dieses Ja ausgesprochen haben und dadurch Ihr Leben dem Möglichmacher anvertraut haben, dann kann ich Sie aus tiefstem Herzen beglückwünschen, denn aus der Sicht des Möglichmachers ist gerade Folgendes passiert:

---

*   Am Ende eines Gebets steht oft das Wort „Amen", dann weiß man, dass das Gebet zu Ende ist. Außerdem drückt es aus, dass man das, was man sagt, wirklich ernst meint. Aber man muss das Wort nicht sagen, wenn es einem komisch vorkommt. Wie gesagt: In Bezug auf die Wortwahl kann man nichts falsch machen.

- Sie sind Gottes Kind geworden und können von nun an die Gemeinschaft mit Ihrem Vater im Himmel genießen (Johannes 1,12).
- Weil Sie sich entschlossen haben, wieder in der Gemeinschaft mit dem Möglichmacher zu leben, gibt es jetzt gerade eine riesige Party im Himmel (Lukas 15,7.10).
- Durch Ihre „Adoption" in Gottes Familie sind Sie auch Miterbe geworden. Das bedeutet: All seine Schönheit, Reinheit und Herrlichkeit steht Ihnen zur Verfügung (Römer 8,14-17).
- Sie sind jetzt nicht mehr richtungslos und verloren, sondern gefunden, auf dem richtigen Weg und gerettet (Römer 10,13).
- Sie haben jetzt ein ganz neues Leben, ein Leben mit dem Möglichmacher und somit Zugang zu allem, was er für Sie sein kann und will (2. Korinther 5,17).
- Sie haben jetzt ewiges Leben durch Jesus Christus (Johannes 3,15-16).
- Sie sind ein reich beschenkter Mensch, der durch Jesus vollkommen rein und gerecht vor Gott stehen darf (Römer 8,32-34; Kolosser 1,22).
- Deswegen hat der Möglichmacher niemals mehr einen Grund, Sie zu verdammen oder zornig auf Sie zu sein (Römer 8,1).
- Nichts und niemand kann Sie jemals wieder vom Möglichmacher und seiner Liebe trennen (Römer 8,38-39).
- Ihr Leben steht jetzt auf einem Fundament, das unerschütterlich ist: Jesus Christus. Deswegen haben Sie allen Grund, mutig vorwärtszugehen im Vertrauen auf ihn und seine Möglichkeiten (Matthäus 7,24-27; 1. Korinther 3,11).
- In dem Maß, in dem Sie es im Vertrauen auf ihn zulassen,

werden Sie „schmecken und sehen", wie genial und real er, der Möglichmacher, ist (Psalm 34,9).

- Sie sind ab jetzt nie wieder allein unterwegs, sondern Jesus lebt in Ihnen, damit die Schönheit des Möglichmachers für Ihre Mitmenschen sichtbar wird (Kolosser 1,27).

Das sind ein paar der direkten „Nebenwirkungen" Ihres Ja zur Gemeinschaft mit dem lebendigen Gott. Aber es gibt noch viel mehr zu entdecken. Der Möglichmacher hat uns ein ganzes Buch gegeben, durch das wir ihn besser kennenlernen und entdecken können: die Bibel. Darin will er sich Ihnen zeigen, Ihnen Anleitung fürs Leben geben, Ihnen Mut und Weisheit für den Alltag zusprechen, Sie beeindrucken mit seiner unendlichen Liebe und Güte und Sie zum Nachdenken und Staunen bringen mit seiner Größe und Allmacht. Ich wünsche Ihnen viel Mut und Freude beim Lesen.

Wenn manches beim ersten Mal keinen Sinn ergibt, bleiben Sie dran und sprechen Sie direkt mit dem Möglichmacher darüber. Überhaupt ist das Reden mit ihm eine große Hilfe, um die Beziehung zu leben und darin zu wachsen. Sie können mit ihm über alles reden, einfach über das, was Ihnen in diesem Augenblick durch den Kopf geht. Beziehen Sie ihn mit ein in Ihren Alltag, in alles Schöne und auch das Hässliche, in alle Höhen und Tiefen, in das Verständliche und auch das Unverständliche, in alle Freuden und alle Trauer. Er ist bei Ihnen, ja, noch viel besser, er lebt in Ihnen. Also erwarten Sie, dass er sich für Sie bemerkbar macht.

Da der Möglichmacher zu wunderbar ist, um ihn mit unserem menschlichen Verstand ganz zu begreifen, ist es auch von großem Vorteil, mit Leuten in enger Verbindung zu stehen, die ganz bewusst mit Gott unterwegs sind. Christen, Kinder Gottes, sind keine Einzelkämpfer, sondern Teil der buntesten Familie auf dieser Erde – Gottes Familie. Da jedes Kind Gottes ein besonderes und einzigartiges Individuum ist, ist es unglaublich bereichernd, von den Erkenntnissen und Erfahrungen anderer zu hören und an ihrem Leben Anteil zu haben. Kinder Gottes können Sie in allen Kirchen und Gemeinden finden, in denen Jesus Christus das Zentrum ist. Gottes Liebe ist vollkommen, aber oft unsichtbar. Sie wird erfahrbar in der menschlichen Liebe, die sichtbar ist, aber unvollkommen.

Viele Menschen auf dieser Welt haben noch nie etwas vom Möglichmacher gehört, kennen ihn noch nicht persönlich und scheinen vielleicht kein Interesse an ihm zu haben. Sie sind nun ein lebendiger Zeuge davon, dass es den Möglichmacher gibt. Deswegen brauchen Sie kein Blatt vor den Mund zu nehmen. Lassen Sie andere an dem teilhaben, was Sie angefangen haben, zu erkennen und zu erleben. Der größte Herzenswunsch des Möglichmachers ist es, dass alle Menschen ihn persönlich kennenlernen und das Leben hier auf der Erde mit ihm teilen. Außerdem war es schon immer und ist es nach wie vor sein liebender und werbender Wille, dass alle Menschen die Ewigkeit in perfekter Gemeinschaft mit ihm, in harmonischen zwischenmenschlichen Beziehungen und in einem paradiesischen Umfeld verbringen.

Erzählen Sie allen von der einzigen Eintrittskarte ins Paradies: Jesus.

Wenn Sie den Möglichmacher schon länger kennen, haben Sie in diesem Buch vielleicht neue Seiten an ihm entdeckt. In der Bibel will er uns noch viel mehr von sich zeigen. Bitten Sie ihn doch einfach darum, Sie immer wieder neu damit zu überraschen, wer er ist – für Sie persönlich.

Der Herr segne Sie und beschütze Sie!
Der Herr wende sich Ihnen freundlich zu und sei Ihnen gnädig.
Der Herr sei Ihnen besonders nahe und gebe Ihnen seinen Frieden!
(nach der Bibel, 4. Mose 6,24-26)

WEITERFÜHRENDE INTERNETSEITEN

Auf den folgenden Internetseiten finden Sie mehr Informationen über den christlichen Glauben.

Bibel Projekt, visio:media e.V.
Unter www.dasbibelprojekt.de finden sich Videos, die die Inhalte der einzelnen Bücher der Bibel erklären.

Gottkennen.de, Campus für Christus e.V.
Auf der Webseite Gottkennen.de können alle, die Gott kennenlernen wollen, Fragen stellen. Außerdem gibt es viele Informationen und kurze Videos, in denen Menschen von dem berichten, was sie persönlich erlebt haben.

Mehrglauben.de, ERF Medien e.V.
Bei Mehrglauben.de findet man Antworten auf viele Fragen zum Leben als Christ. Auch hier kann man Fragen stellen.

Soulsaver.de, Soulsaver e.V.
Soulsaver ist ein Internetprojekt mit dem Ziel, den christlichen Glauben zu fördern. Auf der Seite finden sich Lebensberichte, Songs und tägliche Andachten.

Thefour.com, Campus für Christus e.V.
The Four sind vier Symbole, die die wichtigsten Grundlagen des christlichen Glaubens erläutern. Auf Thefour.com werden sie in kurzen Videos erklärt.

DANK

Meiner geliebten Frau BethyBe und meinen wunderbaren Kindern Henning, Bella, Esben, Ole und Lasse! Euch und all den lieben engen Freunden, die selbst begeistert sind vom Möglichmacher. Euch allen, die mir die Realität und den Charakter des Möglichmachers immer wieder neu und wunderschön vor Augen malen.

Allen, die dieses Buch mitgestaltet haben.

Allen, die noch nichts mit dem Möglichmacher zu tun hatten oder haben und bewusst oder unbewusst mitgeholfen haben, diese Gedanken praktisch und alltagstauglich aufzuschreiben.

Dem Möglichmacher selbst, der mein ein und alles ist. Der mir die Zeit hier auf der Erde so schenkt, wie sie ist, mit all ihren Höhen und Tiefen. Dem, der in allem immer und jederzeit genug ist. Dem, bei dem ich sein darf bis in alle Ewigkeit.

Dem einzig wahren und lebendigen Gott, für das Leben, das er mir ermöglicht, für das Leben, dass er uns als Familie ermöglicht, für das Leben, das er jedem Menschen ermöglichen will.

ANMERKUNGEN

1   Für mehr Informationen: GetAwayDays, Homepage. <www.getawaydays.org> (zuletzt abgerufen am 15.04.2017).

2   Gerhard Hägel: Bibelkurse Bobengrün, Bibelkurs Nr. 5 mit dem Thema „Fürchte dich nicht".

3   Richard Dahlstorm auf der Staffconference der Fackelträger in England 2013.

4   Spiegel online (Hg.): Gehirn kann das Ich abschalten. Spiegel online 24.04.2006. http://www.spiegel.de/wissenschaft/mensch/hirn forschung-gehirn-kann-das-ich-abschalten-a-412395.html (zuletzt abgerufen am 11.04.2017).

5   Vishal Mangalwadi: Das Buch der Mitte – Wie wir wurden, was wir sind: Die Bibel als Herzstück der westlichen Kultur. Fontis/Brunnen, Basel 2016.

6   Wiebke Topf im Interview mit LYDIA, Gerth Medien 2008. Zitiert nach: http://annachajka.blogspot.de/2010/05/das-reicht-wiebke-top-unser-sohn-josia.html (zuletzt abgerufen am 13.04.2017).

7   Elias Aboujaoude: Virtually You – The internet and the fracturing of the self. WW Norton 2011.

8   Text und Melodie: Michael Ledner 1981, Deutsch: Gitta Leuschner, © Maranatha!Music / CopyCare Deutschland.

9   Erschienen im SCM-Verlag 2016.

10 Soon Ok Lee: Lasst mich eure Stimme sein! Sechs Jahre in Nordkoreas Arbeitslagern. Brunnen 2005.

11 Text: Cassandra Steen, Bushido, Ilan Schulz, Martin Stock, © Warner/Chappell Music, Inc, Universal Music Publishing Group.

12 Duden online, Eintrag *„hoffen"*. Bibliographisches Institut GmbH. <http://www.duden.de/rechtschreibung/hoffen> (zuletzt abgerufen am 13.04.2017).

13 Erschienen im Hänssler-Verlag 1993.

14 Verfasser unbekannt, Nacherzählung durch den Autor.

15 Friedrich Nietzsche: Alle Lust will Ewigkeit. Aus: Also sprach Zarathustra (1883 – 1891).

16 Wikipedia, Eintrag: „Maslowsche Bedürfnishierarchie". <https://de.wikipedia.org/wiki/Maslowsche_Bed%C3%BCrfnishierarchie> (zuletzt abgerufen am 13.04.2017).

Tobias Kley

Der Möglichmacher – Postkartenbuch

20 inspirierende Postkarten
Es gibt einen, für den nichts unmöglich ist: Gott.

20 Postkarten erinnern mit unterschiedlichen Blickwinkeln immer wieder an diese Wahrheit. Gott stößt niemals an Grenzen und deswegen müssen wir uns auch nicht von Grenzen und Problemen einschüchtern lassen.

Kartoniert, 16 x 11 cm, 20 Karten
Bestell-Nr. 623.316

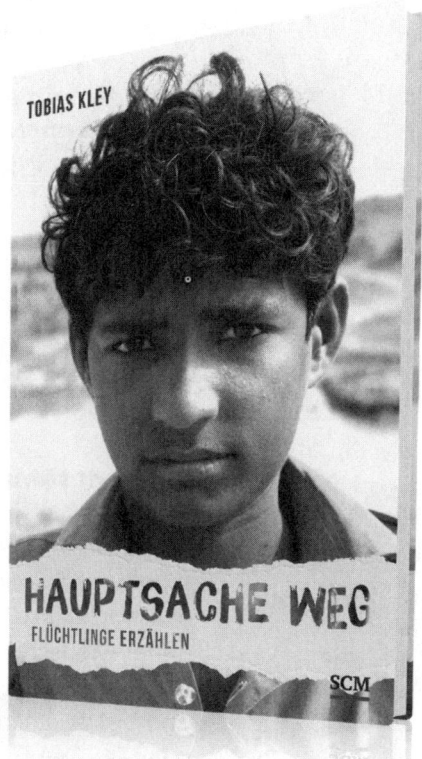

Tobias Kley

Hauptsache weg
Flüchtlinge erzählen

Auf der Flucht vor Armut, Terror und Gewalt strömen aktuell Millionen Menschen nach Europa. Doch wie fühlen sich Menschen, die alles aufgeben mussten, weil ihre Häuser zerstört sind? Weil ihre Familien niedergeschossen, vergewaltigt und ermordet wurden? Denen alles genommen wurde, was sie besitzen? Tobias Kley hat ihre Geschichten gesammelt. Sie berichten von Ängsten, grausamer Zerstörung, von Schlepperbanden und zerrissenen Familien. Tief bewegend und dennoch voller Hoffnung.

Klappenbroschur, 14 x 21,5 cm, 192 S.
ISBN 978-3-7751-5721-6
Auch als E-Book 🅴

SCM
Hänssler

Klassiker von Hans Peter Royer – neu aufgelegt:

Nach dem Amen bete weiter – Im Alltag mit Jesus unterwegs

„Paradies ist nichts anderes, als in inniger Beziehung mit Gott zu leben", auch im Alltag? Royer erzählt offen von eigenen Glaubensschritten. Das verbreitet eine Aufbruchsstimmung, sich nicht mit der Sehnsucht zufriedenzugeben, sondern dranzubleiben. Auch nach dem Amen.

Gebunden, 13,5 x 21,5 cm, 144 S.
ISBN 978-3-7751-5802-2

Du musst sterben, bevor du lebst, damit du lebst, bevor du stirbst!

Viele Christen haben die zentrale Botschaft des Evangeliums für sich noch nicht durchdrungen. Was heißt es wirklich, als neuer Mensch in Christus zu leben? Royer gibt klare Antworten, lebensnah und tief geistlich.

Gebunden, 13,5 x 21,5 cm, 192 S.
ISBN 978-3-7751-5804-6

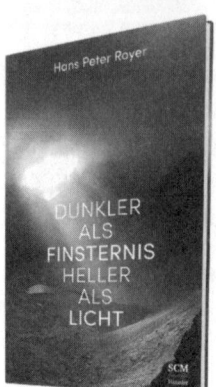

Dunkler als Finsternis – heller als Licht

Selbst in den finstersten Ecken der Welt leuchtet Jesu Name heller als jedes Flutlicht. Begeistert erzählt der Autor, wie Jesus auch unser Leben hell macht. Seine Faszination von der Einzigartigkeit und Schönheit Jesu strahlt dem Leser entgegen.

Gebunden, 13,5 x 21,5 cm, 144 S.
ISBN 978-3-7751-5803-9

SCM
Hänssler

Auch als E-Book 🄴